정인자 수필집

돌릴수록 커지는 행복

돌릴수록 커지는 행복

정인자 수필집

1판 1쇄 인쇄/ 2024년 8월 25일
1판 1쇄 발행/ 2024년 8월 30일

지은이 / 정인자
펴낸이 / 우희정
펴낸곳 / 도서출판 소소리

등록 / 제300-2007-21호
주소 / 03073 서울 종로구 성균관로 5길 39-16
전화 / 765-5663, 010-4265-5663
e-mail: sosori39@hanmail.net

값 15,000 원

*잘못된 책은 바꿔드립니다.

ISBN 979-11-5891-205-5   03810

*본 도서는 화성시, 화성시문화재단의 '2024 화성예술활동지원'
사업으로 출판되었습니다.

돌릴수록 커지는 행복

정인자 수필집

소소21

책을 내면서

열심히 살았다. 앞이 캄캄한 불모지 같은 운명을 선택하여 눈물이 범벅되어도 무엇보다 긍정적인 마음으로 살았다. 씨 뿌리지 않은 곳에 싹이 날 리 없듯이 젊은 시절 '하면 된다'라는 생각으로 전력투구하다 보니 몸 고생은 이루 말할 수 없었다.

올바른 인생관을 심어준 부모님 교육이 중요했다. 누구를 흉보거나 성내는 일이 없으신 아버지께서는 6·25 참전용사이셨다. 시대적 궁핍 속에서 오직 '잘살아 보자'라는 열망 속에 근면한 부모님을 보고 자랐다. 나 역시 양계 산업에 몸 아끼지 않고 죽을 둥 살 둥 열심히 살았다.

내가 살아온 삶을 솔직하게 이 세상에 알림은 참! 부끄럽다. 또 한편으로는 가슴까지 두근거린다. 그렇지만 나 자신을 사랑하며 남과 더불어 가치 있는 인생을 살아왔다고 격려하며 노후를 조용히 걸어가고 싶다.

나를 따르며 변함없이 응원해 주는 동생과 문학의 버팀목이 되어주신 이 교수님께 이 책을 바치고 싶다. 또 정성스레 책을 만든 '소소리' 식구들에게 감사드린다.

생사고락을 함께한 남편과 이역만리에 있는 두 딸, 그리고 할머니 마음을 훤히 알고 '사랑해요. 할머니!' 음성메시지를 보내오는 캐나다 손주, 사위들에게도 이 책이 큰 기쁨이었으면 한다. 늘 가까이에서 보살펴 주는 아들의 앞날이 승승장구했으면 좋겠다.

2024년 여름

정향 **정인자**

▷ 차 례

▷ 책을 내면서

1. 봄의 향연

봄의 향연 —·13

미숫가루 —·18

도시의 바람 —·21

하얀 지팡이 —·24

새소리 —·27

뻐꾸기소리 —·30

눈물·1 —·33

눈물·2 —·36

먹구름 이고 살다 떠난 부모님 —·41

회색 지붕 위에 핀 인생·1 —·46

회색 지붕 위에 핀 인생·2 —·51

회색 지붕 위에 핀 인생·3 —·55

2. 들판을 바라보며

화신풍(花信風) ― · 61
아들에게 받은 생일 선물 ― · 64
푸른 들판을 바라보며 ― · 68
앞마당 ― · 72
우산 같은 내 동생 ― · 77
촛불의 의미 ― · 81
낙엽 같은 마음 ― · 86
남편의 빈자리 ― · 90
밴쿠버공항에서 만난 할머니 ― · 94
블루베리 농장에서 ― · 99
13살 귀염둥이 ― · 103
손녀와 한국어 ― · 107
우체국 국제특송 ― · 111

3. 갯가에 핀 옥홍

닭다리·1 — ·117
닭다리·2 — ·120
아들과의 여행 — ·125
여덟 살의 사랑 — ·131
한국문인인장박물관을 다녀와서 — ·135
『여보게 이 땅에 다시 오려나』를 읽고 — ·140
한천마을 이야기 — ·146
색동옷 입고 앉아 — ·151
갯가에 핀 옥홍 — ·161
갯벌 밭 — ·165
그때 그 시절 — ·169
마지막 모습 — ·173
아버지 생각 — ·175

4. 흔흔낙락

방울새 ― · 181

까치와 고양이 ― · 183

여름 나기 ― · 185

어찌하면 좋을까? ― · 187

야생 고양이 ― · 190

유년 시절 삽화 ― · 193

치과 간호사 ― · 196

양보의 에너지 ― · 199

흔흔낙락(欣欣樂樂) ― · 201

모기 ― · 204

샤인머스켓 ― · 207

축구 ― · 209

일일초(日日草) ― · 211

백합 향기 ― · 213

1.
봄의 향연

봄의 향연

 봄은 하늘의 본마음인가 보다. 북풍한설 이겨내고 봄이 오면 일찍 사람들과 상면하는 수선화가 피어난다. 자신을 사랑하라는 꽃말처럼 나에게 행운이 찾아왔다. 봄방학을 맞아 캐나다에서 손주들이 온다. 태어나서 첫 외가댁 방문이다. 얼마나 만나보고 싶은 손주들인가. 내 마음 또한 기쁨의 엔돌핀이 가득 찬다. 나와는 핏줄로 이어진 소중하기 그지없는 손주들이며 끊으려야 끊을 수 없는 관계가 아닌가. 다 커버린 자식들보다 손주에게 온통 마음이 쏠린다. 전폭적으로 나는 손주를 사랑하고 있다.
 첫 손녀가 태어났을 때 얼마나 신비롭게 느꼈는지 모른다. 병원에서 퇴원할 때 가슴에 꼭 안고 집으로 오고 싶었다. 그런데 그 나라에선 각별한 법이 있었다. 안전벨트가 장착된 앙증스러운 바구니에 담아야만 퇴원수속이 이루어진단다. 퇴원할 때 나이가 지긋한 간호사가 약 30분 이상 설명을 했다. 문화 차이를 강하게 느꼈다. 우리나라는 포대기에 싸서 안고 퇴원하면 된다. 헌데 그렇게 하는 이유를 설명 듣고 나니 이해가 되었다. 안고 가다가 넘어지거나, 떨어트리면 큰일 나기 때문에 소중한 신생아의 생명을 보호하기 위해서란다.

두 녀석은 태어나면서부터 내 무릎에서 한 달 넘게 자랐다. 손녀를 유치원에 한 달 정도 데려다주고 데려오기도 했다. 유치원 가는 게 싫다며 억지를 쓰며 아이는 눈물을 쏟기도 했다. 할머니랑 놀고 싶어 하는 마음을 헤아리지 못하고 억지로 유치원에 데려다주었다. 보호자 사인만 하고 뒤돌아 나오는 마음이 얼마나 쓰라리고 쓰렸는지 모른다. 돈이 뭔지? 만만치 않은 유치원비 낸 것이 아까워 어린 가슴을 아프게도 했다. 그 세월이 길게 가지 못했다. 팬데믹으로 오고 갈 수 없게 된 것이다.

3년 만의 만남이다. 우선 마음 편히 쉴 수 있는 공간을 만들어 주기로 했다. 사람은 행복하게 살아야 한다는 모습을 보여 주고 싶었다. 한국어가 서툴다는 것도 감안해야 했다. Welcome(웰컴) 글씨가 새겨진 풍선과 공룡, 오색 풍선과 반짝이 등을 절친한 문우에게 부탁해서 구했다. 거실 유리창에 은빛 줄 테이프를 붙이고 그 위에 글씨가 새겨진 풍선과 공룡 등을 달았다. 거실

전체에 오색 풍선을 달아 환영식 준비를 했다. 젊은 세대 흉내를 내려 하니 보통 힘든 게 아니었다. 남편과 설명서도 없는 풍선들을 불어 천장에다 매달았다.

널브러진 갖가지 장식물들을 어떻게 해야 할지 몰라 처음엔 벙벙했는데 하나하나 맞추어 가다보니 재미가 쏠쏠했다. 그 기분이 좀 과하였는지 바람을 빵빵하게 넣고 싶어 힘 있게 불다가 그만 M자가 뻥하고 터져 버렸다. 두 개도 아니고 한 개밖에 없는 M자인지라 어떻게 해야 할지 난감했다. 바람을 살살 불어넣으며 테이프를 붙여 글자를 살려냈다. 현관문을 열고 들어서면서부터 환하게 웃을 손주들의 얼굴을 생각하며 밤늦도록 손을 봤다.

그립고 보고 싶은 손주들이 드디어 집에 도착했다. 어리둥절한 모습은 잠깐이었다. 이내 "와~!" 하면서 풍선을 잡느라 깡충깡충 뛰었다. 너무 좋아하며 놀았다. 집안을 온통 아수라장으로 만들었다. 그래도 좋았다. 사람에게 있어 사랑의 최고 표현은 행동이다. 사랑은 넓은 마음으로 배려해 기쁘게 해주는 것이 아니겠는가. 이 지상에서 가장 아름다운 존재를 선택하라 하면 손주들이다. 손주를 품에 안고 눈동자를 바라보면 아름답기 그지없다. 손주들의 웃는 얼굴과 웃음소리는 얼마나 맑고 투명한지. 자식들 또한 금이요, 옥이요, 하며 키웠지만 손주들은 내 가슴에 태양처럼 느껴졌다. 샘물이 철철 넘치듯이 외가의 사랑을 마음껏 퍼주고 싶었다.

그다음 날이었다. 손녀가 나에게 바짝 다가와서 묻는다.

"할머니! 돈 있어?"

그러고는 지갑을 꺼내 보라고까지 한다. 눈으로 확인하곤 마트에 가자고 한다. 다이소에 데리고 갔다. 갖고 싶은 것 있으면 모두 사라고 하였다. 자기 동생 몫까지 꼼꼼하게 챙기며 샀다. 세 번이나 다이소를 갔다 오더니 이제는 안 가도 된다고 했다. 인형만 해도 이민용 가방 한가득이다. 친구들에게 선물하라고 했더니 그렇게 하겠다고 한다.

경제 능력을 확인한 데다 절대적인 할머니 사랑을 확인해선지, 손녀는 내 무릎에 앉아 "할머니 핸드폰 사줘~" 한다. 느닷없는 소리에 깜짝 놀랐다. 초등 1학년이라 그런 소리를 할 줄 몰랐다. 반 친구 중에 핸드폰 가진 친구가 있느냐고 물어보았다. "응!" 하며 큰소리로 대답한다. 우야꼬. 핸드폰만은 아인이 아빠, 엄마 허락을 받아야 한다.

"아빠, 엄마한테 물어보자."

딸과 사위는 한마디로 안 된다고 하며, 반 친구 중 한 명만 가지고 있다고 한다. 울음보가 터졌다. 한국에 가면 할머니한테 사달라고 해야지 하고 단단히 마음을 먹고 온 거 같았다.

아인이가 핸드폰 가질 나이가 되면 할머니가 꼭 사 주겠다는 약속을 하며 달랬다.

　마음이 풀렸는지 "할머니는 왜? 아인이 집에 안 오느냐?"고 묻는다. 다리가 아파 못 간다고 했는데도 두 번 세 번 묻는다. 그리고 "아인이는 할머니가 보고 싶어 혼자 방에서 울었다."라고까지 한다. 나는 가슴이 뭉클했다. 손녀의 속 깊은 마음이 왜 이렇게도 쓰라린가. 학교에서 친구들도 많이 사귀며, 사고력과 그림 솜씨가 남다르다고 해서 대견스러웠다. 우리 집은 열흘 동안 큰 경사가 난 것처럼 시끌벅적했다. 그렇게 봄 속 향연을 즐기다가 아이는 훌쩍 떠나가 버렸다. 갑자기 썰물을 만난 듯 집안이 휑하니 텅 빈 것 같다. 나흘이 지나자 한국말을 곧잘 해 소통도 잘 되는가 싶더니 훌쩍 가고 말았다. 또 내 마음은 갈피를 잡지 못하고 괜스레 눈물이 고인다.

미숫가루

　세상은 변해도 변함없이 나를 부르는 벗이 있다. 마음이 외롭지 않게 따뜻한 봄기운을 불어 넣어줄 뿐 아니라 사람을 그윽하게 만드는 난초 같은 여인이다. 호호백발 되도록 살아가면서 올해 같은 장마는 처음인 듯싶다. 비가 아닌 물 폭탄에 정신이 몽롱하다. 하늘과 땅이 닿은 것 같은 먹구름을 헤집고 들려오는 전화소리에 화들짝 정신이 깨어났다.
　"거기도 비가 많이 오나? 미숫가루 만들어 먹고 있니?"
　친구의 목소리였다. 아이들 키울 때 극성스럽게 만들었던 기억이 났다. 몸에 좋다는 곡물을 씻어 솥에 쪄서 말린 뒤 곱게 빻았다. 소중한 자식에게 정성을 다해 만들어준 고소한 사랑의 미숫가루였다.
　미숫가루를 생각하니 세상 떠난 어머니 생각에 마음이 벅차올랐다. 미숫가루를 만들기 위해 온갖 정성을 쏟았던 모습은 밤 하늘에 둥실 뜬 보름달 같다. 밀, 보리농사가 끝나면 엄마는 보리, 밀, 콩을 냇가에 가서 씻어 말렸다. 마당 가운데 화덕도 만들었다. 큼직한 가마솥 뚜껑에 불살이 오래가지 않는 밀, 보리단을 태웠다. 머리에 하얀 수건을 질끈 묶고 몇 시간을 볶으셨다. 그것을 머리에 이고 방앗간에 가서 빻아 왔다. 광목천으로 만든 자루에 파묻혀 얼굴이 보이지 않게 미숫가루를 이고 오면 강아지 새끼처럼 우르르 몰려들었다. 미숫가루 만드는 온갖 정성과 방법은 순전히 엄마에게 배운 것이리라.

  자식을 위해 정성을 쏟은 어머니의 사랑과 은혜를 생각하니 가슴이 아파진다. 이 세상 떠난 후에야 너무너무 고생하였으며 감사하다는 생각이 더욱 샘솟는다. 엄마라는 이름으로 숱한 세월과 힘든 삶의 여정은 다를 바 없다는 것을 내 가슴으로 깊이 느끼는 까닭은 뭘까? 또한 미숫가루는 여름철 손님 접대에 안성맞춤이기도 했다. 냉수 한 사발에 미숫가루와 사카린 몇 조각 넣으면 맛은 일품이었다. 사카린은 무색 고체로 설탕의 500배 정도라는 대단한 감미료였다.

  세상 떠난 부모님 이야기에 눈시울 적시며 삶의 이야기를 주거니 받거니 하였다. 유독 아버지에게 야단 한 번 맞지 않고 자랐던 깊은 사랑 이야기에 마음속에서 그렁그렁 눈물이 맺혔다. 그때는 몰랐던 아버지의 애틋한 사랑의 말이 떠올랐다. 마치 유년 시절로 돌아가 둘이서 종이배를 만들어 쪽빛 같은 푸른 물결 위에 띄어 노는 것만 같았다. 특히 친구는 생동감 넘치는 말이 재미있었다. 십대 중반의 소녀들이 모여 소를 몰고 산으로 올라갔단다. 소가 풀을 뜯어 먹을 장소가 정해지면 동그라미 그리듯 앉아 미숫가루 한 주먹씩 배급을 주듯 나누어 먹었단다.

여름방학이면 '소야~ 산에 가자'며 고삐로 엉덩짝을 툭툭 치면서 산으로 풀 먹이러 다녔단다. 좁고 좁은 언덕배기 오를 땐 앞장선 소가 목적지를 잘 찾아가야 했단다. 풀도 많고 그늘도 적당하게 있는 곳을 찾아 가야만 했단다. 그래서 모두들 앞장서서 가지 않으려고 옥신각신도 했단다. 또 부모님은 어린 소녀들이 소를 몰고 산으로 다닌다고 톡톡한 대우도 하더란다. 부모님께 특별대우를 받았다는 당시 생활 속에 이야기가 담백할 뿐 아니라 운치 있는 유년 시절이 아름답게 빛이 났다.

소들도 산에 가면 시원하고 싱싱한 풀을 마음대로 먹을 수 있었을 뿐 아니라 아마, 힐링이 되었을 것이다. 금란지계(金蘭之契) 벗과 몽글몽글 피어오른 유년 시절 파노라마를 속 시원하게 펼쳐 보았다.

도시의 바람

 겨울의 끝자락인 2월이다. 강풍과 함께 휘몰아치던 매서운 추위도 슬그머니 물러나는 느낌이다. 먼 산야를 바라보니 조용한 가운데 실가지들은 봄 맞을 준비를 하고 있다. 맨 꼭대기 실가지들부터 촉을 틔우는 봄의 느낌이 한눈에 들어온다. 꿈에도 생각지 못했던 코로나19로 친구들도 만나지 못할 뿐 아니라 삶의 활동의 맥도 끊어져 버렸다.
 서울 사는 친구가 가끔 "서울 와라 밥 사줄게" 따뜻한 우정을 표현할 때마다, 얼씨구 좋다 하면서 만났다. 유년의 친구를 만나면 산 위로 밝은 달이 두둥실 뜨는 곳에서 노는 것만 같았다. 마음속에 묻어 두었던 이야기보따리도 눈치 보지 않고 풀었다. 맛있는 음식보다도 이야기하고 노는 재미에 하루해가 가는 줄도 몰랐다. 어머나! 벌써 시간이 이렇게 됐냐며 아쉬움을 달래곤 했다. 변화무쌍한 세상인심 속에서 따뜻한 봄볕 같은 친구가 보고 싶다.

　친구와 약속 날짜가 잡히면 소풍 가는 마음이었다. 서울 지하철은 너무 복잡하다. 한 번도 가보지 않는 곳은 더욱 헷갈리게 된다. 끝이 없는 동굴 속에서 미로 찾기 같은 지하철을 탈 경우에는 더더구나 그렇다. 8호선을 탈 경우는 3번을 갈아타야 했다. 또 거꾸로 타지 않기 위해 메모를 한다. 타는 방향과 타고 오는 방향을 네이버 검색을 미리 해두기도 한다. 지하철은 한 번 잘못 타면 약속시간을 맞추지 못해 마음이 조마조마하게 된다.

　예전에는 어린애를 등에 업고 또 한 명은 손을 잡고, 또 한 손에는 기저귀 보따리를 들고 기운 넘치게 다녔다. 자식들 키우며 살림살이뿐 아니라 다방면으로 바쁘게 살다 보니 친구들 만날 시간도 없었다. 어머니란 이름표를 달고 헌신하고 희생하며 눈물도 많이 흘렸다. 산다는 것은 바로 싸움이었다. 나 자신과의 싸움이었다. 색다른 환경에도 능동적으로 대처하며 인내와 용기를 갖고 잘 살아왔다. 고생했던 세월을 모두 보내고, 여유를 갖고 한가롭게 친구를 만나는 즐거움이 영원할 줄 알았다. 그런데 이게 무슨 악재란 말인가. 친구뿐 아니라 가족들도 만날 수 없고 만나러 갈 수 없게 되었다.

도시바람을 쐬며 살아가던 낙(樂)은 언제 회복될까? 너무나 뜻하지 않게 듣지도 못한 공포를 몰고 온 바이러스 때문에 우리들의 만남도 기약이 없다. 나이를 모르고 살다가 코로나로 인해 우리들 나이가 노년기에 들었다는 사실도 알게 되었다. 기저질환을 갖고 있으면 특별히 조심해야 된다고 한다. 사흘이 멀다 하고 전화만 주고받았다. '코로나 끝나면 만나자.' '코로나 종식되면 만나자.'고 했다. 산다는 것은 움직임이다. 움직이며 살아야 하는데 큰 역경에 처해 살고 있다. 자주 안부 전화를 하면서 이 고난을 견뎌내려고 한다.

봄은 오고 있다. 계절이 바뀔 때마다 도시 바람 쐬며 살라던 친구의 말이 되살아난다. 서로 이해하고 마음을 잘 맞추어 살아가기란 쉽지 않다. 그러나 친구는 멀리서 온다고 사당역까지 마중을 나오곤 했었다. 유년 친구는 탯줄 같아서 만나면 즐거웠고 헤어질 땐 너무 아쉬웠다. 갈림길에서 동시에 마주 보고 서서 "잘 가~ 또 만나자"라는 말은 단금지교(斷金之交)였다.

하얀 지팡이

　삶에도 사계절이 있다. 한 가정을 이루고 살아가다 보면 겨울바람처럼 몰아치는 감정을 단속하기가 힘이 든다. 특히 나이를 먹을수록 묵은 감정이 잘 풀리지 않는다. 이럴 땐 몸과 마음을 충전하기 위해 밖으로 나간다. 집에서 있을수록 격한 감정으로 인해 몸이 흔들리고 마음은 천근만근이다.

　오늘은 단골병원 방문을 한다. 몸과 마음을 클리닉을 받는 것도 위안된다. 큰 시내에 위치한 단골 병원 원장님은 여의사이다. 나이는 나와 비슷한 연배라서 친구 같기도 하고 친척 같아 마음이 편안하다. 애들 공부시킬 때 마땅한 병원을 찾다가 이 병원을 선택하게 되었다. 학교를 다니던 아이들이 갑자기 아프거나, 감기 몸살이 나면 이 병원을 찾아가게 하였다. 물론 진료비는 후불로 결제하게 하였던 분이다. 그리고 자신의 자식처럼 친절하게 또 심리 상담까지 해주며 진료를 해준 은공이 깊은 분이다. 몸이 고달프고 짜증이 나며 별것 아닌 것에 감정이 솟구친다. 그럴 때 몸과 마음이 찾아가는 곳이 필요하다. 가끔 기력을 보충해 주는 영양제를 맞으면 새로운 에너지를 얻은 듯 몸이 가뿐하기도 하였다.

　시골과 도시 차이점은 바로 사람이다. 모처럼 사람이 많은 곳에서 함께 부대끼다 보면 정신이 바짝 든다. 8차선 횡단보도 신호등 앞에 서게 되었다. 신호등을 기다리다 슬쩍 옆을 쳐다보았다. 젊은 청년이 하얀 지팡이를 짚고 서 있었다. 유난히 눈에 들어오는 젊은이였다. 파란 신호등 숫자에 발을 맞춰 걷다가 뒤를 돌아다보았다. 하얀 지팡이는 한복판에 서서 감각을 찾기 위해 애를 쓰고 있었다. 급한 마음에 젊은이에게 쫓아갔다. 제가 부축해 드릴 테니 빨리 건너자고 했다. 반가운 표정으로 연신 감사하다며 나를 따랐다. 어디까지 가느냐고 물어보았다. 시외버스를 타고 가야 한다는 소리에 깜짝 놀랐다. 순간의 행동을 봐서는 보호자가 필요한 상황이다. 시내버스라면 목적지까지 동행해 주고 싶었다.

　시외버스를 타는 곳까지 안내해 주며 버스까지 태워주겠다고 했다. 흔쾌히 승낙하며 속 이야기를 친구한테 하듯 술술 풀었다. 군에서 전역한 지 얼마 되지 않았단다. 복무 중 해상훈련

중 갑자기 수중폭파가 일어났단다. 6·25전쟁 잔해였단다. 전우들은 세상을 떠나고 본인은 살아서 돌아왔다고 한다. 그러고 보니 얼굴에는 온통 상처투성이였다. 붉은 반점들은 그날의 아픔을 보여주고 있었다. 젊은이는 담담하게 받아들이고 살아갈 길을 찾아 나섰다. 안마 기술을 배우는 중이란다. 한참만에 시외버스가 도착하여 손을 들고 차를 세웠다. 그리고 기사님께 자초지종 간단하게 설명을 하였다. 친절한 기사님은 연신 고개를 끄덕이며 알았다고 했다. 나는 "자랑스러운 젊은이 열심히 잘 살아요."라고 소리치며 보내는데 마음이 찡 해왔다.

만감이 교차는 하루였다. 불가피한 사고를 당하여 용기 있게 살아가는 젊은이 모습이 예사롭게 보이지 않았다. 젊은이의 사랑하는 가족들은 말로 표현할 수 없는 고통과 아픔을 겪을 것이다. 마음의 문을 열고 세상과 함께 걸어가게 인도한 부모님이 존경스러웠다.

'피자 반죽은 돌릴수록 커지고, 내 안의 행복도 찾아서 돌릴수록 커진다'는 말이 부드럽게 가슴을 쓰다듬고 있었다. 그리고 삶과 결전하듯 벌벌 떨리던 격한 감정이 버스 꽁무니를 따라 멀어져가고 있었다.

새소리

　시골의 낭만은 새소리다. 도시를 떠나 살아온 세월이 어언 40년이나 되어간다. 40년 전의 풍경과 현재의 풍경은 완연히 다르게 변해버렸다. 우후죽순 늘어나는 공업단지가 지척에 있다. 다행히도 병풍처럼 둘러져 있는 숲 가운데에서 가슴 설레는 자연과 만남은 아슬아슬하게 이어가고 있다. 언제나 현관문을 열고 밖으로 나가면 새소리는 들을 수 있다.
　봄바람이 얼어붙어 있는 산과 들을 훑고 지나가면 새들의 번식기가 시작된다. 어둠이 나뭇가지에 살짝 남아있는 새벽이면 새소리는 절정이다. 그 숲속에 들어가면 나는 너무도 작아지는 느낌이 든다. 여러 종류의 새소리는 숲속의 오케스트라 같다. 그 단원들은 몇 종류인지 가늠조차 어렵다. 다만 각각 목청을 높이는 소리들은 아름다운 음악으로 받아들이며 눈을 감고 감상하곤 한다. 내 마음의 묵은 때는 발바닥 밑으로 내려가고 싱싱한 영혼이 되살아나는 것만 같다.

그 장엄한 오케스트라는 해가 뜨면 순식간에 조용해진다. 아침 해가 거대한 지휘자 같다. 이른 봄이면 새들의 오케스트라는 정말 장엄하며 감동을 느끼게 한다. 새들의 소리를 들을 때면 가슴 깊이 따스한 정감을 느끼게 된다. 사람이 사는 세상도 마찬가지이다. 정이 없는 세상은 맛없는 음식과 같다. 또 정 없는 사람은 나이가 들수록 만나기 싫어진다. 새소리만은 언제 들어도 변함없는 정을 샘솟게 한다.

새소리는 나를 외롭지 않게 해 준다. 새소리를 듣는 순간, 내 몸은 젊어지는 것 같고 생동감을 느끼며 얼굴엔 자연스레 웃음이 머금어진다. 특히 겨우내 움츠렸던 가슴은 활짝 펴지고 기분 또한 상쾌해진다.

올 한 해도 열심히 살아보자는 마음도 생겨난다. 숲이 있어 바람소리도 들을 수 있고, 새소리도 들을 수 있는 산수의 정이 가득 고여 있는 소중한 내 이웃이라 생각 든다. 그 이웃이 내 곁에 있으니 무엇을 더 욕심을 내랴. 내가 사는 동안 이 숲속이 보존되었으면 하는 바람이다.

고요한 숲속에서 온갖 새들이 재잘대는 새소리는 나를 건조하게 만들지 않을뿐더러 마음까지 푸근하게 만든다. 계절 따라

피고 지는 꽃과 새들과 함께 노후를 살아감은 더없는 행복이다. 자식들이 그리워 콕콕 찌르는 가슴의 통증도 숲속에서 털어 버리기도 했다. 이제는 대자연을 열정적으로 예찬하며 내 삶을 값나게 끌어올리며 살아간다. 자연을 벗 삼아 삶을 누리는 지혜를 터득한 셈이다. 또한 나만의 자유를 누릴 수 있어 행복하다. 자식들은 저 새들처럼 이소(離巢)한 것이다. 거듭거듭 마음을 비우며 나를 바라보게 된다.

뻐꾸기소리

　오월 초순. 연초록 잎이 바람에 살랑거리는 신록의 계절이다. 이때쯤 되면 찾아와서 울어대는 뻐꾸기소리가 들리지 않는다. 속담에 '뻐꾸기도 유월이 한철이란' 말이 있다. 보통 4월 말쯤이면 날아오는 여름 철새이다. 새벽잠을 깨우기 일쑤였던 뻐꾸기가 올해는 좀 늦은 듯하다. 때론 새벽잠을 설치게 날아와 청승스럽게 머리맡에서 울었다. 아무리 요산요수하며 살아간다고 하지만 때에 맞지 않을 땐 마구 군소리를 해대곤 했다. 근데 올해는 뻐꾸기가 찾아오질 않고 있다.
　뻐꾸기의 청아한 소리는 아주 먼 곳에서도 들을 수 있다. 조용한 숲속을 힐링도 하지만 계절의 오고 감을 알리는 새이다. 탁란을 하는 새라는 것 때문에 달갑지 않게 생각도 하였다. 더군다나 얄밉게 남의 둥지에 알을 낳는 것도 모자라, 남의 알을

물고 나오는 교묘한 전략에 어디 새라고 믿을 수가 없었다. 그 새끼 또한 본능적인 행동이 놀라웠다. 좁은 둥지에서 부화가 되면 남의 어미 새 먹이를 혼자 독차지하였다. 털도 나지 않는 몸으로 다른 새끼들을 등짝으로 밀어 내어버리는 다큐멘터리를 보았다. 그들의 행동이 너무 놀라웠다. 강인한 생존력과 전략이 너무 잔인하다는 생각을 하곤 했다.

그런데 올해의 봄은 허전함을 느끼고 있다. 연두색 잎이 푸르게 변해가고 있다. 언제부터인가 순서를 기억하는 나의 감각이 신호를 보내온다. 뭔가를 곰곰이 생각하니 뻐꾸기소리였다. 탁란을 하는 새라서 종족 번식이 줄어든 탓일까라는 가공망상을 거듭하게 된다. 유년 시절 하면 빼놓을 수 없는 철새 뻐꾸기와 텃새인 비둘기를 빼놓을 수 없다. 부모님 밑에서 걱정 없이 살았던 그 시절은 다시 돌아올 수 없다. 그러나 뻐꾸기는 매년 돌아오고 있다. 자연스럽게 듣고 자란 탓에 무척 친근감이 가는 새이다.

매년 우리 집 가운데 방, 창문 밖에 새가 집을 짓는다. 사철나무가 촘촘하게 자라고 있다. 새들이 둥지를 만들기 알맞은 장소로 보였다. 정교한 새집을 보면 뱁새 같기도 하다. 앙증스럽게 집을 짓는 것을 보면 감탄을 거듭하게 된다. 뻐꾸기가 탁란하기 좋은 위치에 집을 지어 놓았다. 올해도 혹시나 하고 사철나무를 살펴보았다. 창문 여닫는 반대편에서 관찰을 해 보았다. 아니나 다를까 창문을 여닫는 쪽을 피해 예술적으로 집을 지어 놓았다.

특히 뻐꾸기는 붉은머리오목눈이 집을 선호한다고 한다. 탁란하기에 제일 만만한 새라서 그 집만 찾아서 탁란을 하는가 보다. 붉은머리오목눈이는 착하고 선한 것 같다. 착하고 선하게 살면 손해를 보게 마련인데 붉은머리오목눈이는 그런 것 연연하지 않는 것 같다.

자연의 이치를 알다가도 모르겠지만 따뜻한 봄바람을 쐬고 있자니 몽롱해진다. 오! 뻐꾸기소리가 들렸다. 날짜를 보니 5월 14일이었다. 반가움이 일었다. 올해는 약 보름 정도 늦게 찾아왔다. 탁란하기 위해 눈치를 살피자면 바쁘게 날아다녀야 할 것 같다. 새들도 살아가는 방법이 여러 가지가 있음을 알게 되었다. 꿍꿍이속을 지닌 뻐꾸기의 생존전략이 성공을 하면 내년에 또다시 날아올 것이다. 고요한 산골짜기 분위기를 한층 높이듯 '뻐꾹~ 뻐꾹~' 희망찬 소리가 골짝에 메아리치고 있다. 오월의 바람이 시원하다.

눈물 · 1

　코로나바이러스감염증-19. 2019년 12월 중국 후베이성 우한시에서 최초 발생되었다. 그로 인해 남극을 제외한 모든 대륙으로 확산되면서 감염자와 사망자가 속출하였다. 국제적 공중보건에선 비상사태를 선포했다. 전 세계에 위험도를 매우 높음으로 격상하면서 하늘길 바닷길이 모두 멈추게 되었다.
　사망하는 사람들의 최후 모습이 담긴 텔레비전을 보면서 '아이고 어쩌나' 비명이 절로 나왔다. 사랑하는 가족을 잃고도 가까이 갈 수도 없었다. 병원복을 입고 홀로 먼 길을 떠나야 하는 무섭고 두려운 바이러스였다. 바이러스 확산을 방지하기 위해 타인의 접근이 금지되어 있다. 고인이 된 가족을 멀리서 바라보며 팔딱팔딱 뛰면서 대성통곡하는 모습은 차마 눈물을 흘리지 않고 볼 수 없었다.

코로나19로 사망하는 사람들에게는 존엄성조차 없었다. 사랑하는 사람이 죽었는데 마지막 작별 인사도 할 수 없다. 이별의 눈물, 회상의 눈물, 체념의 눈물로 보내는 마지막 배웅은 감불생의였다. 너무나 끔찍스러워 방송을 보는 내내 긴장되었다. 초상을 치르지 않고 그냥 그대로 신속하게 화장해 버리는 모습에 내 몸은 오싹해져 왔다. 어쩌다 이런 대 참극이 일어난 것이란 말인가. 연일 보도되는 참혹한 광경은 눈물을 흘리지 않고는 볼 수 없다.

눈물은 반가워도 나오고 슬퍼도 나온다. 눈물은 인정 속에 아름다운 눈물이 될 수 있다. 그러나 코로나19 눈물은 인간미와 존엄성까지 상실하게 만들었다. 그 가족들의 슬프고 찢어질 듯 아픈 마음을 어찌 달랠 수 있단 말인가. 참 기가 막힌다. 다행히도 우리나라 보건복지부에서 유가족 동의를 얻어 신속하게 화장하고 그 뒤에 장례를 치른다는 소식이 전해졌다. '선 화장 후 장례'로 치러 최대한 감염 확산을 방지하겠다는 것이다. 그래서 가족을 잃은 슬픈 마음을 조금이나마 달랠 수 있게 되었다. 그렇게 해서나마 코로나19로 인한 불안요인을 차단하는 방법이라니 참 지혜로웠다. 또 유족이 원하면 개인보호구를 착용하고 병실에서 면회를 할 수 있게도 하였다. 환자뿐 아니라 살아있는 가족 모두가 쓰라린 한으로 남지 않게 되었다.

다국적 가족을 두고 있는 나로서는 신경이 예민해지며 긴장이 된다. 세계적인 정보를 듣고 걱정이 되어 이 교수님께서 전화를 하셨다.

"전 세계를 강타하는 전염병이다."

"많은 희생자를 내는 바이러스니 조심, 또 조심하라."

"외국에 사는 자식들에게 경각심을 주며 위생관리 잘하게 하고 꼭 마스크 착용하게 하라."

"우리 끝까지 살아남아 좋은 소식 주고받자"라는 당부까지 하였다. 얼마나 불안하고 초조하였으며 교수님께서 직접 제자 자식들까지 챙길까 싶다. 눈물이 핑 돌며 온몸이 오그라들었다.

코로나19는 그야말로 무차별적으로 소리 없는 공격을 해오고 있다. '사람끼리 대면을 피하며 살아라. 밖으로 나가는 것도 자재하라. 코로나19 바이러스는 긴 터널이 될 가능성이 크다. 후반기에 접어들면 확산될 가능성이 높을 것이다'라는 말에 머리가 아프다.

삼복더위가 코로나19를 데리고 갈 것이라는 희망마저 물거품이 될 것인가. 한 인생을 살아가면서 이런 비극은 자고 나면 사라지는 꿈으로 돌리고 싶다. 사랑하는 가족도 흩어져야 산단다. 뭉치면 역병을 이겨내지 못한다는 말에 너무나 비감스럽기 그지없다.

눈물 · 2

 하늘을 쳐다본다. 솜 같은 구름은 기다랗게 징검다리를 만들어 태평스럽게 흘러가고 있다. 코로나19로 하늘길이 막힌 탓인지 고요하게만 느껴진다. 혹시나 비행기가 날아가는지 살펴보지만, 눈에 띄지 않는다. 전 세계적으로 크게 유행하는 탓에 자식들 걱정에 시름 또한 깊어진다. 아름다운 자연환경을 누리고 있는 캐나다가 눈앞에 선하다. 두 딸이 살고 있다. 삶의 중심에 서 있는 귀염둥이 손자, 손녀들이 자라고 있는 곳이다.

 작년에, 그곳에서 6개월 동안 머물다 돌아왔다. 신호등이 없는 사거리에선 차가 먼저 도착한 순서대로 교신하듯 척척 직진, 좌회전, 우회전했다. 또 신호등이 없는 건널목에 손녀를 데리고 서 있었다. 차를 먼저 보내놓고 건너려고 했다. 그런데 차를 멀찌감치 세워놓고 먼저 건너라며 손짓했다. 그다음날도 모두 그렇게 양보와 배려를 보여 주었다. 어디를 가나 1순위는 어린아이들을 보호하는 제도가 되어 있었다. 이런 제도와 모습을 보고 아이들은 성인이 되어서도 이렇게 살아갈 것이 아닌가. 모든 국민이 몸에 밴듯 행동하는 것을 보고 크게 감동하였다. 그리고 놀이터에서나 공공시설 이용하는데 어린이를 동반한 보호자도 대우받으며 살아가고 있었다. 손녀를 데리고 크고 작은 길을 나서면 입버릇처럼 차 조심, 차 조심을 강조한 내가 무색할 정도였다.

광활한 도심 공원에 37개월 된 손녀와 안전하게 다니며 웃음꽃을 마음껏 펼치며 놀았다. 내 뒤를 졸졸 따라다니며 한국어로 "할머니, 할머니~"라고 야무지게 불러댔다. 나는 그 소리가 너무 듣기 좋았다. 나의 목소리는 아름답지 못하다. 그러나 손녀는 앵무새처럼 흉내를 내며 "할머니! 사랑해~"라고 잘도 말했다. 억양이 센 사투리를 흉내 낼 때마다 마주 보며 소리를 내어 한참을 웃기도 했다. 손녀는 구름 한 점 없는 파란 하늘과 같았다. 티 하나 없는 마음과 모습이 너무 사랑스럽고 귀여웠다. 눈은 또 얼마나 맑고 순순한지. 동양, 서양 장점만으로 태어나 더욱 예뻤다. 그 얼굴에 발랄한 모습, 귀여운 표정 왕성한 호기심은 페스탈로치로 등급 시킬 뿐 아니라, 행복한 가정을 건설하도록 만들었다.

하늘을 쳐다보다 작은 비행기가 하얗게 구름을 내뿜으며 날아가는 것을 보고 신기해하며 물어 왔다. 엉겁결에 비행기가 응가하는 거라고 대답하고 말았다. 그 후 비행기 소리만 나면 하늘을 쳐다보며 "응가~응가~" 한다고 했다. 소꿉놀이할 때는 죽이 척척 맞도록 잘 놀아 주었다. 특히 아이스크림 놀이를 좋아했다. 아이스크림 가게 주인이 하듯 신중하게 주문을 받으며 할머니 '돈' 하던 모습은 잊지 못할 추억이다.

그리고 유치원에도 데려다주고 데려오기도 했다. 자동차 시동을 걸면서 '얼씨구' 주창하면 손녀는 '좋다.' 맞장구를 쳐주었다. 유치원 가는 동안 재재대며 즐거워했다. 그러다가 스톱 표지판이 보이면 '할머니 스톱'이라며 일러주는 안내자도 되었다. 그러면서 '할머니 유치원 있을게~'라는 대답하라고 했다. 할머니 유치원 '노'라고 대답하면 온갖 떼를 쓰며 눈물을 비 오듯 쏟아냈다. 할머니랑 함께 유치원에서 공부하겠다는 완강한 행동에 어찌할지 참으로 난감했다. 난도가 높은 큰 숙제였다. 아무리 달래도 소용없었다. 어쩔 수 없이 유치원 선생님께 양해를 구하였다. 흔쾌히 승낙을 해주었지만, 불편한 마음은 그지없었다. 손녀가 너무 좋아하니 참을 수밖에 없었다. 다음날에도 유치원에 가면서 할머니랑 함께 있으면 선생님, 친구들에게 미안하다. 친구 엄마도 노~, 친구 아빠도 노~라고, 설명하며 이해시키려 해도 소용없었다.

 그렇게 한 달 동안 유치원에서 함께 공부하였다. 도저히 미안하여 결단을 내릴 수밖에 없었다. 정말 마음이 내키지 않았지만, 냉정한 행동을 해야만 했다. 유치원 선생님과 의논한 끝에 등원했다는 서명을 마치자마자 유치원을 뛰쳐나와 버렸다. 손녀를 선생님이 안고 들어가자 바동바동 발버둥을 치며 앙앙거리며 울기 시작했다. 유치원이 떠나갈 정도로 우는 통에 가슴이 메워지듯 아팠다. 도로 들어갈까 말까 망설이다가 또 물러나기를 거듭하였다. 에고~ 저 어린 것과 얼마나 함께 지낸다고, 저 어린 눈에 눈물을 흘리게 해야 하나 싶어 문밖에서 서성이며 함께 울고 말았다.

 나도 외할머니 손에 자랐다. 외할머니가 엄마보다 좋았다. 외할머니가 최고인 줄 알고 자라났다. 들과 산으로 함께 다니며 정서적인 교육과 간식을 제비 새끼처럼 받아먹으며 자랐다. 간혹 엄마가 데리러오면 따라가지 않겠다며 외할머니 치마에 들어가 나오지 않더라고 했다. 그 생각이 떠오르니 '저 어린 마음이 내 어린 마음 같아' 어찌나 마음이 아팠는지 모른다.

 특히 밤이 되어도 잠잘 생각은 하지 않고 할머니랑 놀 생각만 했다. 강제로 재우려고 내 방으로 돌아와 자는 척하고 있어 보았다. 곧장 쫓아와 옹골차게 '할머니~ 놀자' 했다. 대답이 없으면 감고 있는 눈까지 검사했다. 진짜로 자는 것 같으면 '쉬~ 쉬~' 하며 살금살금 제 방으로 돌아갔다. 어쩌다가 연기가 부족하여 억지로 자는 모습 같으면 여린 손가락으로 눈을 비비며 뜨라고 했다. 꾹 참고 있던 웃음보가 터지자, 손녀는 환한 표정을 지으며 와락 내 품에 안겼다.

  코로나19로 인해 손녀를 만나러 갈 수 없다. 손녀는 카톡으로 '할머니 보고 싶다.' '할머니랑 놀고 싶다'라며 방바닥에 드러누워 울기 시작한다. 또 할머니 집에 빠방카 타고 가자며 떼를 쓰며 운다. 나 역시 손녀가 그립고 보고 싶다. 날아갈 수도 없고, 달려갈 수도 없다. 이 엄청난 세계적인 재난 앞에 눈물만 흘리고 있다. 첫 손주의 정과 사랑은 가슴이 멜 듯 아프다. 지난해 손자까지 태어나 기쁨과 즐거움을 더해 주고 있다. 삶의 생동감과 행복을 주는 희망의 새싹들이기도 하다. 귀여운 손녀와 영상 통화만으로 그리움을 달래고 있다. 그렇지만 만나보고 싶고 안아보고 싶은 마음은 샘물처럼 내솟고 있으니.

먹구름 이고 살다 떠난 부모님

4월이 되면 논마다 물들이 가득 찬다. 이 시절을 기다려 온 듯 개구리들은 무논을 아지트 삼아 밤만 되면 울어댄다. 개구리들의 치열한 번식 경쟁은 모내기철을 앞두고 일어난다. 앞 논에서 떼를 지어 우는 개구리는 초등학교 운동회 때 청, 백 줄다리기 응원하듯 야단스럽기 그지없다. 개구리 군사들의 함성이 나의 안방까지 들어온다. 대장인지 모르지만 한 놈이 잠깐 쉬었다가 선창하면 기다렸다는 듯이 딴 놈들이 와글와글 시끄럽게 울어댄다. 이 떼창이 기분 나쁘게 들리지 않는다. 오히려 개구리 합창단 공연을 듣는 듯하다.

이 계절만 되면 까맣게 잊고 살던 부모님 생각에 가슴이 아려온다. 밀전병 같은 다랭이 논배미 몇 마지기가 포강 밑에 있어도 물의 혜택을 받지 못했다. 긴 장대에 바가지를 달아 물을 퍼 올리는 작업을 달밤까지 낮 삼아 퍼 올렸다. 마을 앞에 있는 논은 물 대기가 수월하여 물꼬만 잘 보면 되었다. 울창한 소나무가 있는 산골짝 지나서 있는 다랭이논은 밤이 되어 혼자 가기엔 무섬증이 생겼다. 가을걷이가 시작되면 가족이 총동원되어 이고 지고 나르느라 정신이 없었다. 뱀처럼 좁게 난 도랑을 건널 때 헛디디면 사람까지 빠지게 되어 있어 정신을 바짝 차리고, 하나둘 하면서 건너야 했다.

그 다랭이논은 애환이 스며있었다. 큰댁에서 살림을 날 때 받은 논이기도 했다. 아버지께서 사놓은 논은 큰댁에서 갖고 대신 제일 힘든 논을 받았다고 한다. 어머니의 불만은 농사철만 되면 먹구름처럼 몰려와 소낙비 쏟듯 터진다. '논이 고무신 신짝만 하다거나 남의집살이해서 장만해 놓은 논도 못 챙겨 나왔다며 역정과 항의가 시작되는 것이다. 착한 남편에 대한 불만이었다. 어머니의 화증이 높은음자리 이상 올라가면 우리는 불안에 떨었다. 철부지 우리가 알 수 없는 사정들을 쏟아낼 때면 부부싸움이 일어날 것만 같았다. 아버지께서 남의 집 일 하러 가고 나면 모든 것은 어머니 혼자의 힘으로 해야만 했다. 그만큼 어머니에게는 힘에 부치는 다랭이논이었다.

다랭이논은 집과도 거리도 멀었다. 항상 휘영청 달빛 아래 볏단 하나라도 더 가져오려고 애를 썼다. 아버지와 어머니는 늘

큰댁 일로 잦은 싸움을 하였다. 아버지는 해병대 출신인데, 어머니는 꼭 개병대라며 아버지 오장을 건드리곤 했다. 어쩌다 방문을 벌컥 열고 노기충천한 아버지 목소리가 터지면 어김없이 싸움이 일어났다. 나는 옆집에 사는 작은 삼촌네로 냅다 달려갔다. 작은삼촌을 앞장세우고 집으로 와서야 안심이 되곤 했다.

 아버지께서도 모두 다 아는 사실이었겠지만, 할아버지, 큰형의 뜻이니 따를 수밖에 밖에 없었을 것이다. 아버지는 큰아버지보다 먼저 구름 타고 떠나가셨다. 아버지 마지막 염습을 큰아버지께서 직접 맡아서 해주셨다. 꽃신을 신겨 주면서 큰아버지는 목멘 소리로 "법 없이도 살 내 동생아? 저세상에 가서 편히 살거라." 하셨다. 어릴 때부터 동생을 고생시킨 것에 대한 사죄였을까. 아니면 강렬한 형제애였을까. 철이 비교적 일찍 든 나는 왜 그렇게 되었는지도 가늠할 수 있었다. 옛 속담에 '욕심은 부엉이 같다'는 사람이 있다는 걸 알게 되었다. 물론 그땐 가난했던 시절이었다. 서로가 먹고살기 위해서였을 것이다. 아버지는 군 생활을 오래해서 그런지 걸음이 대단히 빨랐다. 자갈길인 신작로와 고갯마루를 왕복으로 걸어 다녔다. 우리가 '아버지' 하고 부르기도 전에 아버지는 눈앞에서 사라지고 없었다.

 어머니는 사촌 이모할머니의 중매에 항상 불만이 많았다. 속아서 결혼하였다고 했다. 그렇게 평생 부부 금실에 금이 가 있었다. 팔방미인처럼 모든 게 만능이신 어머니는 된서리 맞았다며 자기 삶을 자주 원망하였다. 어느 날, 어머니께서 내게 푸념하듯 말을 했다.

"너희들이 너무 착해서 천리만리 도망을 가고 싶어도 못 가겠다."라고. 그땐 어머니가 정말 도망을 갈까봐 노심초사도 했다. 어머니는 초등학교 들어가기 전인데도 내게 한글을 가르쳐 주었다. 그래서 그런지 동화책이 너무 재미있었다.

유일하게 전래동화집 흥부 놀부 이야기책을 자주 읽었다. 책 속에 흥부는 아버지를 닮은 것 같았다. 남의 집 일을 해주고도 아버지는 밥도 안 드시고 집으로 왔다. 그러면 일을 시킨 집에서 밥을 가져다주었다. 아버지의 이런 자존감만은 내가 닮은 것 같다. 아무리 힘들어도 큰집을 찾아가서 도와 달라고 하지 않았던 것으로 기억된다. 그렇지만 그 속에 욕심만 채우고 형제들에게 나눠줄 줄 모르고 인색할 뿐 아니라 괜히 도둑으로 몰아붙이는 사람이 있었다고 했다. 그것을 막내숙모, 작은고모님으로부터 듣게 된 한 많은 이야기는 밝은 달빛 아래 그림자 같다.

두 분 다 먹구름이고 살았다. 육신이 무너지는 줄도 모르고 4남매 공부시켰다. 지금은 해발 310m 노성산 자락에 자리를 잡은 국립호국원에 나란히 계신다. 찾아뵈러 갈 때마다 하늘은 항상 맑고 푸르다. 이승에서 살던 미움과 원한을 하늘이 모두 지워주었나 보다. 공기가 너무 상쾌하다.

그러나 현충탑 앞에만 서면 눈물이 왈칵 쏟아질 것만 같다. 직접 전쟁에 참전했던 아버지는 중공군의 인해전술과 북한까지 오르락내리락하였던 치열한 전투 경험담을 내게 들려주시고는 했다. 어린 나는 소설처럼 들었다. 전쟁참전 유공자 희생과 공헌이 있다는 것을 나는 한참 뒷날에서야 알았다. 부모님께서 살다 간 세월과 그 세월의 기억들이 내 몸속에서 바람처럼 일어난다. 평생 먹구름 이고 살다 간 부모님의 덧없던 세월이 태극기 바람개비에 실려 내 앞에서 힘차게 돌고 있다.

회색 지붕 위에 핀 인생·1

 상큼한 아침을 알리는 까치소리가 낭랑하게 들린다. 저 소리는 때 묻지 않고 자연과 함께 살아가는 농심(農心)을 전하는 것만 같다. 농심이 곧 천심이고 천심이 있는 곳에는 범죄도 없다고 알려주는 것처럼. 시대적으로 역사를 거슬러 올라가 보아도 천심이 살아 있을 때는 사건 사고가 없었을 뿐 아니라 정신적인 문제는 더더욱 없었다. 우리들이 삶의 뿌리와 농심을 지키며 사건 사고 없이 잘 살아가는 것은, 정신이 무너지지 않도록 꿋꿋하게 지켜온 우리 양축농가가 있기 때문이 아닌가!
 내 삶도 어느덧 반세기에 올라서게 되었다. 양축농가의 회색 지붕 위에 인생의 꽃을 피운 24년 전의 세월을 생각하면 만감이 교차하며 눈시울이 뜨거워져 온다.
 가난한 농부의 맏딸로 태어나 공부가 하고 싶어, 눈물 콧물 흘리며 공부를 마치고서 영원히 농촌으로 돌아오지 않을 것처럼 하고는 곧바로 도시로 떠났었다. 그리고 결혼. 결혼을 하자마자 나는 야생화임을 알게 되었다. 도시는 야생화가 자랄 수 없는 땅이었다. 난 온실 안의 화초가 될 수 없는 운명이었는지 부모님께서 심고 뿌린 농심을 찾아 낙향하게 되었다.

 1981년 초겨울. 수원 변두리 산속, 황량하고 쓸쓸하기에 그지없는 비탈진 밭 380평 도지를 얻어 계사 4동을 지어 4천 마리 육계업을 시작하였다. 시작하자마자 썰렁한 환경 변화에 밤이면 그렇게 무서울 수가 없었다. 씨족 마을에서 옹기종기 모여 정을 나누며 살았던 유년 시절과는 너무나 대조적인 환경이었다. 육계업이라는 업종은 동네에서 멀리 떨어져서 해야 하는 사업이라는 것을 전혀 몰랐다. 덩그러니 외따로 사는 게 점점 철창 없는 감옥살이처럼 느껴지기 시작했다.

 사람의 인적을 찾을 수 없는 곳에서 리어카 한 대 없이 삽자루 하나로 시작하였다. 비가 오면 길이 미끄러워 차가 들어오지 못하였다. 신작로에 풀어놓고 간 사료 포대를 실어오기 위해 멀리 떨어진 이웃을 찾아가 리어카를 빌려서 실어올 정도로 가난한 살림살이였다. 건설회사에 잔뼈가 굵은 남편은 눈썰미가 있고 지혜가 뛰어나 망치 하나 들고 뚝딱뚝딱하면 집 하나가 완성되었다. 신기해하며 바라보면서 조수 역할을 톡톡히 해냈다. 그러나 육계업은 육체적 노력과 상관없이 시세를 못 맞추면 손해를 본다는 사실을 몰랐다. 그중에서도 특히 질병이 생기면 남는 것이 하나도 없음을 생각도 못했다. 육계업를 하면 잘살 수 있다는 감언이설에 속았다고 생각했을 때 이미 때는 늦어 버렸고 소개해 주신 분을 원망하고 살 수는 없었다.

어찌 되었든 손해를 적게 보기 위해서는 병아리를 잘 키워야 하고 질병에 걸리지 않아야 하고 소비 패턴을 잘 파악하여 좋은 시세에 출하해야만 잘 살아갈 수 있었다.

하지만 시작하자마자 실패…. 도시에서 마련하여 가지고 온 사업자금은 물거품이 되어 사라지고 ILT라는 호흡기 질병 앞에 무릎을 꿇고 말았다. 오고 갈 수 없는 벌판에 남겨진 것은 몸뚱어리와 바람뿐. 낙심해 있는 남편을 설득하여 다른 곳으로 이사를 가자고 권유하였다. 육계업을 시작 하자마자 쓴맛을 본 농장에서 견뎌내기가 힘이 들었을 뿐 아니라 피눈물 나는 상처를 치유하기 위해서였다.

아무리 척박한 벌판에서도 민들레는 뿌리를 내린다고. 사업자금을 마련하기 위하여 보험회사에 다니는 능력이 있는 아주머니께 보험 하나를 계약하고 사채 2백만 원을 빌렸다. 사채를 빌려 집다운 집에서 살기보다 오직 육계 농장을 만드는 것에만 전념하였다. 우리 부부는 자재비 절감, 인건비 절감을 위해 쇠 파이프를 사다가 U자 형태를 만들었다. 낮에는 U자로 휘어 놓고 밤이면 육계 농장을 만들다 보니, 동네 사람들이 우리를 도깨비 부부라고 하였다. 양지바른 곳에서 새 희망을 손에 쥐고 발바닥에 불이 날 정도로 계사를 오가며 닭을 잘 키워냈다. 육계업은 자질구레한 잔일이 너무 많았으며 청결을 우선시해야만 했다. 또한 계절에 민감하고 나약하기에 그지없는 병아리를 길러내는 일이 그리 쉽지만은 않았다.

오히려 자식을 키우기는 쉬웠고 병아리를 키우는 것이 너무 어려웠다고 말하고 싶다. 세 아이를 키울 때, 차례로 등에 업고 먼지가 나는 계사 안에서 살다시피 했다. 어쩌다가 등짝에 붙어 있는 내 새끼가 닭을 보고 소리치면 병아리들이 놀라 스트레스 받을까 조용히 하라는 신호로 엉덩이를 꼬집기까지 했다. 그렇게 해서 어느 정도 육계 사육에 자신감이 생기자, 남편 시세정보와 질병 세미나 참석을 위해 밖으로 돌아다녔다. 그러자 농장관리는 모두 내 차지가 되었다. 뒤꿈치가 갈라지고 발목이 아파 걸음을 제대로 걸을 수 없었지만, 분별력이 있는 남편을 믿고 농장 안에서 살다시피 하였다.

품질이 뛰어난 병아리를 입추하여 좋은 사료를 먹이면 닭의 성장이 눈에 보일 뿐 아니라 수만 마리가 뒤뚱거리며 성장할 때는 재미도 있었다. 그러나 그 재미도 잠시 우리들의 정신을 테스트하기라도 하듯 아웅산 사건이 터지고 닭 시세가 폭락하고 말았다. 잘 길러 놓은 닭은 소비감축으로 인해 가져갈 상인이 나타나지 않았고 그나마 간신히 팔고 난 닭 값마저 수금하지 못하는 어처구니없는 현실을 겪어야만 했다.

자금이 두절되자 병아리를 구입할 수 없어 눈뜬장님이 되어 버렸다. 간신히 한 발 한 발 앞으로 나가던 우리에게는 날벼락 같았다. 외상으로라도 병아리 입추를 하기 위해 남편은 사방으로 쫓아다니며 승낙을 받았으나 약속은 지켜지지 않았다. 혹시나 하는 마음에 아니 우리 같은 마음인 줄 알고 병아리 입추 준비를 해놓고 연탄난로를 두 달 동안 피워 놓고 피를 말리며 기다린 적도 있었다.

사업에 큰 어려움을 처절히 몸부림을 치고 있을 때 농협사료 직원은 우리가 정직하고 진실하다는 것을 알아주었다. 또 우리의 마음을 깊이 헤아려 주었다. 다른 사람은 못 믿어도 우리만은 믿을 수 있다는 말씀과 큰 배려 덕분에 사업을 할 수 있었다. 따뜻한 봄볕 속에 새싹처럼 피어나 '성공'이라는 길을 걸어갈 수 있었다.

(2003년 농협사료 양축수기공모전 우수작)

회색 지붕 위에 핀 인생·2

　1984년 육계업에 안정을 찾아 마음 편히 걸어갈 수 있을 때, 느닷없이 토지개발 공사에서 아파트 부지로 확정되었다며 이사를 하라는 통지서가 날아왔다. 남의 땅에서 도지를 얻어 사용하다 보니 땅 주인의 구박과 간섭이 이만저만이 아니었다. 시간만 나면 찾아와 땅을 팠다고 야단을 치며 대접을 받기 위해 방에 걸터앉아 온갖 소리를 해댔다. 땅 주인과 우여곡절을 겪으며 합의하여 보상금 7백 만 원을 받았다. 사채 1천 5백만을 빌려 경기도 화성에 약 4천 평 땅을 구입하게 되었다. 질척이는 길에 자갈을 깔고 전기공사와 수도공사 등 만만치 않은 기초공사가 도사리고 있었어도 두렵지 않았다.
　모든 자재비를 절감하기 위하여 재활용하기로 했다. U자로 된 쇠 파이프를 몽땅 뜯어 트럭에 실었다. 기다란 파이프가 전

신주에 닿지 않게 하기 위해 찬바람과 함께 남편은 대롱대롱 매달리다시피 하며 수십 번씩 운반하였다. 또 밤이면 허기진 배를 채우기 위해 총각무를 뽑아 먹기도 했다. 돌이켜 보면 그 모든 것이 남의 일처럼 느껴지고 어떻게 그런 위험한 행동을 하며 살아왔는가 싶다. 아마도 그것은 젊음이 있고, 강한 정신력이 있었기에 가능했으며 어렵고 힘든 일을 해낼 수 있었다고 생각된다. 또 우연의 일치일까? 육계업을 시작할 때 초겨울에 출발해서 그런지 몰라도 매번 이사를 할 때마다 초겨울에 시작하게 되었다. 추위에 나약한 나는 무척이나 힘이 들었고 마치 고문을 당하는 느낌으로 지내왔다.

고귀한 내 땅에서 맞이하는 1987년 여름이었다. 태풍이 서해안을 거쳐 지나간다는 소식을 접했다. 말복을 앞두고 닭들이 계사마다 가득 차 출하를 앞둔 상태였다. 설마가 사람 잡는다지만, 설마 하고 있었다. 태풍이 지나가면서 순식간에 농장을 송두리째 뽑아 내동댕이치고 말았다. 남편은 출타 중이었다. 나는 미친 듯이 농장 안으로 뛰어 들어갔지만 속수무책이었다. 불어오는 바람이 심상치 않다는 것을 느낀 동네 사람들이 달려와 미친 듯이 날뛰는 나를 붙잡고 사람이 다치면 안 된다며 못 들어가게 말렸다. 너무나 고맙게도 태풍 피해를 보았다는 소식을 듣고 거래처 상인들이 몰려왔다. 엉금엉금 기다시피 하며 닭을 손수 붙잡아 가며, 시세까지 정확하게 계산해 주는 넓은 아량에 큰 감동을 받았다.

　죽은 닭은 팔 수 없었기에 가슴이 철렁 내려앉고 가슴이 조마조마했다. 폭삭 내려앉은 계사를 보고 닭들이 거의 죽었으리라 생각했는데 다행히 2마리만 폐사하고 모두 무사하였다. 그때 천지신명이 도와주었다며 감사의 기도가 절로 나왔다. 일년내내 농가 못지않게 정직한 삶을 추구하며 밤낮으로 고생하는 닭차 기사들에게 가족과 같이 대하며 먹는 것에 소홀하지 않게 대접하였다. 내가 아무리 힘이 들어도 꼭 따뜻한 밥과 색다른 반찬으로 정성껏 끼니때마다 챙겨 드렸다. 또 속병이 나서 밥을 못 드시는 기사님은 죽을 쑤어 드렸다. 인간은 혼자서 살 수 없고 더불어 살아가는 게 인생이 아니겠는가. 농장주인과 상인은 공조하며 살아야 한 것이었기에 삼복더위에도 아랑곳하지 않고 우리 집에 오는 모든 닭차 기사들에게 대접해 주고 싶었다. 진실을 안 기사들은 우리 집에 오면 자기 일처럼 도와주었다.

　너무나 고마워 땀에 젖은 옷을 갈아입게 옷도 사주었다. 그분의 철저한 직업정신이 있었기에 소비자들은 싱싱하고 담백한 닭고기 맛을 볼 수 있지 않는지…. 요즈음 시대적 변화로 계열화 사업에 밀려 아름다운 마음을 가진 사람들을 만나보기 힘들게 되어 버렸다. 그 소중한 사연들이 잊힐 줄 알았는데 남편을 통해 소식을 듣게 된다. "형님보다 형수님이 더 좋았다. 맛있는 죽이었다."는 안부와 함께 잘 살아가고 있다니 얼마나 반가운지 모른다.

　태풍으로 인해 폐허가 되자 농장을 다시 오뚝이처럼 일으켜 세우기 위해 노력하였다. 이듬해 봄부터 대대적인 농장 신축공사를 위해 중장비를 동원하였다. 또 모험 같기만 했다. 농장에 신축 공사를 시작하자 올망졸망 아이들 보살피랴 일꾼들 세끼 밥과 새참까지 신경 쓰다 보니 몸이 말이 아니었다. 과로와 신경성으로 몸은 아팠다. 그렇다고 자리에 드러눕지도 못했다. 불같은 성격을 가진 남편은 명령하기에 바빴다. 말만 하면 척척 음식을 가져다주니까 마누라가 도깨비방망이인 줄 아는 것 같았다. 비위를 맞추며 혼자서 방방 뛰면서 헤쳐 나가는 것은 혹독한 시련이었다는 것을 몰라주었다.

　농장을 신축할 때 큰돈이 들어갔다. 남편이 건축설계부터 작업까지 모든 게 자신감이 넘쳤다. 삼복 때 입추를 하기 위해 혈안이 되었을 뿐 아니라 참으로 숨이 가쁜 공사였다. 바람이 불어도 비가 와도 눈이 내려도 끄덕 없을 만큼 안전하게 농장을 마무리하였다. 그러나 나는 조금 젊었을 때 그 돈을 절약하여 다른 곳에 땅을 사든지 도시에다 아파트를 사자고 권유하였지만, 의지가 굳은 남편은 내 말을 듣지 않았다. 그때 내 말을 귀담아듣고 땅을 사든지 아파트를 샀다면 지금 어떤 모습이 되어 있을까.　　　　　(2003년 농협사료 양축수기공모전 우수작)

회색 지붕 위에 핀 인생 · 3

　1981년 1월 25일 결혼하여 신혼의 꿈에 젖어 보지도 못하고 양축농가의 대열에 합류하면서 실패와 배고픔으로 험난한 인생길을 걸어왔다. 임신 중에 입덧이 심하여 먹고 싶은 것이 있어도 사 먹을 돈이 없었다. 시장 바닥을 뱅글뱅글 돌면서 냄새만 맡고 돌아온 적이 한두 번이 아니었다. 육계업을 하면서 겪은 일과 억울함이 치밀어 오르면 두통과 불안, 울렁거림으로 힘들었다. 나 자신과 싸우는 과정이 구도의 길처럼 느껴졌다. 사람과 사람끼리 살아가는 세상 속에서 비참한 것은 거짓말을 하는 사람과 약속을 지키지 않는 사람, 행동에 대해 책임질 줄 모르는 사람을 만났을 때이다. 품질이 나쁜 병아리가 들어오거나 사료가 나빠 닭이 먹지 않고 파헤치면 닭의 습성이라고 돌리며 농가 책임으로 떠넘기고 방관할 때였다. 그러면 우리는

운이 없어 그렇다며 쓰라린 가슴을 쓸어내리며 달래기 일쑤였다. 그 길다면 긴 세월을 닭과 함께 생사고락을 한 농가 주인으로서는 눈으로 보면 다 어떻다는 판단이 서게 되는데도 말이다. 물론 가끔은 엉뚱한 농가도 있지만 극소수고 거의 많은 농가들은 열심이고 순수하다. 정말 지난 세월 속에 병아리 문제, 사료 문제, 질병 등으로 공중분해 된 재산도 엄청나다.

그것이 곧 국가 경제에 미치는 큰 영향인데도 소홀하게 생각하고 나만 잘 사면 된다는 인식으로 묻히는 것이 큰 안타까움이었다. 이제는 농협 사료 공장이 우리와 가까운 곳에서 우리 모두를 위해 우뚝 서 있다. 든든하기에 그지없다. 지금은 모든 사료 곡물은 수입에 의존하고 있다. 때론 그 나라의 실정에 따라 좋은 곡물이 들어올 때도 있을 것이고 나쁜 곡물이 들어올 수도 있을 것이다. 하지만 들어온 곡물을 잘 보관함과 동시에 곡물 품질에 맞춰 연구하여 만들어 준다면 회색 지붕에 핀 내 인생의 꽃은 시들지 않으리라.

농협사료가 단지 화병의 꽃으로 장식되지 않기를 간절히 바란다. 화병의 꽃은 열매를 맺지 못하기 때문이다. 오천 년 역사 속에 농심을 이어가는 뿌리 깊은 농협사료가 생산되어 주렁주렁 열매 맺는 기업으로 성장하기를 바라는 마음이다. 양축을 하는 사람은 생명을 다루기에 이 지구상에서 제일 순박하고 악의 없을 뿐 아니라 성실한 정신으로 살아가는 사람들이 많다. 농심의 뿌리를 지키며 살아가는 양축농가를 정부는 외면해서는 안 된다. 오늘도 정책부문에 제일 미약하게 지원되는 축산분야에서 목소리를 높이고 있으며 질병의 근원이 되는 양계 부산물에 신경을 쓰고 있다. 이 땅을 지키며 농민의 꿈이 사라지 않고 국민께 안전한 먹거리를 제공하기 위함이리라.

양축하면서 인근 주민들이 먼저 달려와 못하게 막거나 냄새 난다고 한다. 주민들에게 피해를 주지 않기 위해 수단과 방법을 동원하고 있는데 자존심 무너지는 소리할 때는 그렇게 서글플 수가 없었다. 국가 경쟁력을 높여주고 인간의 건강을 증진시켜줄 뿐 아니라 가족이나 이웃이나 정을 나누기에 제일 좋은 닭고기가 아닌가. 좀 더 나아가면 사료부터 시작하여 생산자 상인들 모두 생업을 이어가는데 천대를 받는다는 것에 한숨이 절로 나왔다.

여기저기에서 짓밟는 소리, 때리는 소리를 들어도 뚜렷한 국가관을 갖고 환경개선과 품질 좋은 육질을 만들기 위해 분투하는 자가 진정한 용사가 아닐는지. 이 길을 가면서 하루아침에 망하고 나면 다시는 돌아보지 않을 것 같은 양축업, 굶주린 배를 움켜쥐고 시련의 괴로움을 딛고 오뚝이처럼 일어나 이 땅에 영원히 지지 않는 꽃을 피우고 있지 않는가. 지금 육계 농가는 사상(史上) 유례없는 큰 어려움에 부닥쳐 있다. 하지만 이것은 발전과 아울러 변화할 수 있는 과도기라고 생각한다.

  오늘따라 가슴 벅찬 감회와 인생무상이 느껴진다. 인생이 풀잎의 이슬 같고, 천 갈래, 만 갈래 찢어지는 아픔도 잠깐 스쳐가는 것이라는 걸 생각하게 된다. 오늘도 노을은 서산에 번지고 있다. 얼마 안 있으면 어둠이 내 방을 찾아와 나를 휘감고 나를 편히 쉬게 할 것이다. 아마도 나는 하루 일과 중에 제일 편한 자세로 내 인생을 돌아보겠지.

(2003. 농협사료 양축수기공모전 우수작)

2.
들판을 바라보며

화신풍(花信風)

 춘삼월이 왔다. 모처럼 내 고장 한 바퀴를 드라이브하고자 집을 나섰다. 바람이 성난 짐승처럼 온 천지를 헤집으며 강하게 분다. 자동차가 흔들거린다. 사람들이 얕은 산 곳곳에 버린 쓰레기들이 공중 곡예를 하듯 날아다닌다. 각종 음료수병을 비롯해서 비닐봉지들이 무수히 버려져 있다. 머리가 무거워지며 가슴이 답답해 왔다.
 산은 침묵의 천재이며 자연의 철학자라고 생각한다. 산은 우리에게 인생의 진리와 침묵을 가르치는 스승 같아서 나는 가까운 쌍봉산을 자주 찾아갔다. 다리가 불편하기 전까지는 매일매일 다녔다. 산은 누가 일러준 일 없어도 샘물이 있을 자리부터 질서를 지키며 스스로 조화를 이루고 있다.
 이제 화신풍을 맞고 진달래꽃은 예쁘게 피어나리라. 그러나 쓰레기 무덤 속에서 잘 피어날지 모르겠다. 산업화가 되면서 사라져가는 진달래 동산들이다. 마음의 위안을 삼고자 '김소월 진달래꽃' 시를 흥얼거려본다.

나 보기가 역겨워 가실 때에는 말없이 고이 보내 드리오리다
영변에 약산 진달래꽃 아름 따다 가실 길에 뿌리오리다
가시는 걸음걸음 놓인 그 꽃을 사뿐히 즈려 밟고 가시옵소서
나 보기가 역겨워 가실 때에는 죽어도 아니 눈물 흘리오리다

산은 진실한 모습을 잃지 않고 철 따라 옷을 갈아입으면서 사람들을 환호하게 만들어준다. 인생이 고독하고 삶이 고달프면 사람은 산을 찾아가게 마련이다. 산만큼 우리들과 가깝게 지내는 공간이 어디 있으랴. 산을 오르는 오솔길에서 팔랑팔랑 날아가는 나비도 만난다. 봄에 짝을 부르는 새소리를 듣노라면 이루 말할 수 없는 감성이 덩달아 벅차오른다.

공자는 '조용하고 무겁기가 산만한 존재가 없다'고 했다. 산에서는 언제나 나만의 시간을 갖고 사색하며 여유롭게 인생을 즐길 수 있다. 산은 그렇게 우리들의 지친 마음을 조용히 어루만져 준다. 우리도 말없이 침묵하는 산을 보호하고 아끼며 살아가야 되지 않을까.

내가 먹은 빈병 쓰레기는 지정된 장소에 버리는 습관을 길러

보자.

　봄비가 내리고 나면 산은 연한 초록빛의 옷을 입고 수줍게 우리를 반겨줄 것이다. 추워도 향기를 팔지 않는다는 매화 꽃 소식이 벌써 들려온다.

아들에게 받은 생일 선물

생일날 뜻밖에 초등학교 6학년 아들에게 만 원짜리 지폐 한 장과 편지를 받았다.

어머니 생신을 축하드립니다. 어머니께서 시골집에서 일하시고 올라오셔도 짜증 한 번 안 내시고 힘든 기색 조금도 하지 않으신 우리 어머니! 몸이 성하지 않아도 오직 자식만 걱정하시는 우리 어머니께 걱정만 끼쳐드려 대단히 죄송합니다. 우리들을 훌륭한 인물로 키우기 위해서 온갖 고생 다 하시면서 우리를 잘 키워 주신 우리의 어머니! 사랑합니다. 또 죄송합니다. 생신을 진심으로 축하드립니다. 우리들 걱정 안 하셔도 됩니다. 힘내세요, 힘.   - 아들 기석이가~

마음이 울컥하였다. 항상 막내라는 딱지가 붙어 있어 어미 마음은 창호지 같은데 용돈이라고 내놓는 모습을 보니 하루아침에 다 커버린 것 같았다. 잠자는 모습을 보면 아직 아기 같아 아유~ 언제 클까? 하면서 엉덩이를 토닥토닥하면 샘 많은 누나가 눈을 부라리며 익살을 떨었다.

"흥, 엄마! 아들이라 그러지. 아들을 그렇게 키워서는 안 돼요. 매 좀 들고 때려서 키워요."

딸들의 성화에 나는 '너희들 키운다고 기가 다 빠져서 때릴 힘도 없다'라고 말하곤 했다. 그리고 일부러 아들은 아까워서 어디 때릴 때가 있느냐고 하면 내 귀가 시끄럽게 야단법석이다. '왜? 딸들은 때려서 키웠느냐'고 반문해 오며 온갖 수다들이 방안을 가득 채운다.

자식 키우기가 쉽지 않지만 내가 자랄 때 엄격한 부모님께 배운 것이 알게 모르게 내 자식에게 영향을 미치는 것은 사실이다. 반복되는 잘못을 할 때는 어김없는 체벌을 했었다. 초등학교 때는 좀 엄격하게 키웠다. 이제 딸들이 아들에게 매를 들지 않는 것에 반박하는 것은 엄마가 때린 매가 사랑의 매가 되니까 똑같이 키우라는 조언이란다. 그때 매가 오늘에 사는 것이 도움이 된다고 한다. 학교생활도 그렇고 밖에서도 그렇단다. 예를 들어 친구들과 생활하면 행동 자체가 다르다는 것을 느낀단다. 가끔 떡볶이집에 친구랑 가서 먹고 나 그릇을 꼭 치우고 나오는 버릇이 생겼단다.

친구들이 너저분하게 해놓고 나가기에 불러서 우리가 먹은 것은 치워놓고 나가자고 했더니, 주인아주머니께서 지금까지 장사하는 중에 너 같은 학생은 처음 봤다며 서비스로 떡볶이 한 접시를 듬뿍 주셔서 배부르게 먹었다며 싱글벙글하였다. 아이들 교육을 사랑의 매보다 대화로써 키우려고 노력했지만 어릴 때는 말보다도 따끔한 교육이 필요했다. 사실 아들은 눈을 씻고 봐도 때릴 건덕지가 없다. 누나들이 둘이나 있어 그런지 모르지만, 철부지 같은데도 철부지답지 않게 일을 척척 알아서 잘하는 편이다. 공부하기 위해 어린 나이에 누나들 따라 수원으로 올라와 부족한 생활을 잘 견디며 따라가고 있어 대견하기만 하다. 또 밥이 없으면 스스로 밥을 해서 먹는다.

　친구 관계도 원만하다. 하루는 학교에서 화장실 청소 당번이었는데, 화장실 입구에 설사를 만난 아이가 얼마나 급하였는지 분뇨로 범벅을 해놓아 냄새가 진동을 하여 하나같이 도망쳐 나왔단다. 아들이 나서서 일단 냄새부터 없애자면서 소독제를 먼저 뿌리고 그다음 긴 호스로 입구부터 물을 뿌려내려 가며 삽시간에 해치웠다고 한다. 그러자 지켜보던 친구들이 감동하며 환호성을 지르며 "우리의 해결사~ 우리의 해결사~"라고 응원까지 해주더란다.

　아들도 쉽게 받아들일 수 없었겠지만, 빠른 지혜를 살려 행동했다는 것이 너무나 신통하였다. 또 엄마의 생일을 큰맘 먹고 챙겨주며 응원하는 정성이 갸륵하기만 하다.

　농장 일을 하고 남편 식사 준비까지 해놓고, 자식들 먹을 것까지 챙겨 배낭에 담아 짊어지고 버스를 서너 번 타면서 오가다 보면 몸은 천근만근 무겁고 고단하다. 버스에서 부족한 잠을 자다 보면 목적지에 와 있었다. 아무리 힘들어도 아이들에게는 힘들다는 표현을 하지 않겠다고 스스로 다짐하며 수원으로 오갔다. 그런데 아들은 내색하지 않는 엄마의 마음을 훤히 알 듯 헤아려 주니 더더욱 감격하며 큰 힘을 얻으며 살아가고 있다.

(1998)

푸른 들판을 바라보며

엊그제 모내기한 것 같은데 어느새 파릇파릇하게 자란 벼들이 통통하다. 때론 개천에서 흐르는 물 따라 아무 생각 없이 걷고 싶을 때가 있다. 이른 아침이면 아련한 안개비를 머금고 숨을 쉬고 자라는 벼들을 보면서 걷노라면 시골의 낭만을 흠뻑 느낀다. 오늘은 스멀스멀한 빗속을 질퍽대는 땅을 걷는다. 온 들판이 푸른 운치 속에 옛 추억은 달빛 아래 그림자처럼 내 머릿속을 가득 채운다.

논두렁은 모내기 시작 전 제초제를 쳐서 그런지 풀들이 덜 자랐다. 내 유년 시절에는 논두렁 풀들은 소먹이로 이용했다. 새벽같이 일어나 논, 밭으로 향하시던 아버지 생각이 난다. 논두렁에 자란 풀들은 반질반질할 정도로 베어와 소들에게 주곤 했다. 그리고 몸소 암소를 몰고 논과 밭갈기도 하며 농사의 달

인처럼 살다가 떠나셨다.

　보름달은 상현달이 되기도 하고 그믐달이 되기도 하지만 아버지는 그런 삶의 여유도 없이 살았다. 매일매일 부지런하게 들과 산을 누비셨다. 그 덕분에 논, 밭에는 잡초가 없었다. 아버지를 그리워하며 들판을 거닐자니, 우산에서 맺혀 떨어지는 빗물이 내 눈물 같다. 무어라 말을 할 수 없을 정도로 고생만 하셨다는 생각이 든다. 고기는 물속에 있어 물의 존재를 깨닫지 못하듯, 그땐 그 고마움을 몰랐다.

　한 가정을 이루고 살아가는 삶이 얼마나 힘든가를 살아보니 알겠다. 삐걱거리며 삶을 맞추며 살아온 내 인생과, 아버지께서 살다 가셨던 인생이 함께 모여 개천 물에 섞어 졸졸졸 소리를 내며 흘러가는 것만 같다.

　결혼 초창기에 부모님께 인사드리러 갔다. 아버지는 남편을 보자마자 뛰어나왔다. 딸보다 사위의 두 손을 덥석 잡고 놓지 않고 반가워하였다. 아버지께서 두 손 꼭 잡고 놓지 않았던 의미를 남편은 알았을까? 아무리 생각을 거듭하여도 아버지한테 야단맞은 기억뿐 아니라 나쁜 말을 듣고 자란 기억도 나지 않는다. 아버지 삶은 깊이를 잴 수도 없고 한 많은 인생이 깃들어 있다. 우리 4남매에게만은 영혼을 맑게 해주고 책임감과 최선을 다하는 모습을 남기셨다.

벼들이 내뿜는 냄새가 풋풋한 향기로 내 코를 자극한다. 이 냄새는 예전이나 지금이나 변함이 없다. 논두렁을 걷고 싶어도 이젠 엄두가 나지 않는다. 좁은 논두렁에 들어서자니 어지럼증부터 나타난다. 선뜻 들어가지 못하고 입구에서 한참을 논두렁을 쳐다보고만 있었다. 새끼를 치며 통통하게 자라는 벼들이다. 기계가 심은 그대로 일렬로 잘 자라고 있다.

외동딸을 사랑한다는 말보다 "무서운 사람 만나면 이 아부지한테 꼭 일러라."라고 했다. 하지만 그땐 아버지의 큰 사랑 표현인지 몰랐다. 딸이 얼마나 사랑스럽고 귀여웠으며 말이 없는 분이 그런 말을 하였을까 싶다. 아버지 마음을 헤아리지 못한 것이 내 가슴을 찌른다. 남의 논, 내 논할 것 없이 논, 밭에서 인생을 다 바쳤다. 너무나 힘들었을 텐데도 힘들다고 표현하지 않으셨다. 돌아가시기 몇 해 전부터 힘이 부치어 일을 못하겠다는 그 한마디가 마지막 말씀이었다. 그때는 철이 너무 없었다. 부모님이 계시는 것만으로 내 인생에 생기가 평생 돌 줄만 알았다.

이 벼들이 다 자라면 또 한 세월이 넘어간다. 세월이 넘어가도 옛 고향집을 갈 수가 없다. 찾아간들 누가 반겨줄 사람도 없고 아버지께서 쓰다 남은 물건들만 녹슬어 있을 뿐이다. 집 또한 옛집이 아니었다. 나무와 잡초들만 무성하게 자라 방치되어 있다.

　자식들은 부모님이 살아 계신 덕분에 삶 속에 보이지 않는 힘과 생기가 돈다. 그러나 부모님 마음속에는 노새의 목에 달린 방울소리처럼 항상 근심 걱정만 하였을 텐데 그때는 너무 몰랐다. 나 역시 있는 힘을 다해 자식들 교육을 시대에 뒤떨어지지 않게 잘 해냈다. 그 덕분에 나름대로 자기네 길을 열심히 가고 있다. 그런데도 나 또한 항상 근심, 걱정을 나 혼자만 듣는 방울소리를 내며 살아가고 있다.

　이제 꿈속에서라도 아버지를 만나고 보고 싶다. 저 푸른 들판처럼 푸짐한 밥상도 차려 드리고 싶다. 특히 좋아하시는 막걸리 한 잔씩 주고받으며 따뜻한 이야기 나누고 싶다. 그리고 "아버지! 정말 고생했습니다. 고맙습니다. 사랑합니다."라고 못다 한 말을 꼭 들려주고 싶다.

　아! 그때는 왜 몰랐을까? 자식들은 봄기운처럼 잘 섬기는 처세를 자주 해드려야 부모님 노후가 즐겁다는 것을.

앞마당

 옛집 앞마당이 그립다. 꿈속에서라도 유년 시절 넋을 불러내어 실컷 놀고 싶다.
 아주 옛날 전통적이면서 전형적인 농촌 농가 앞마당이면 더 좋을 것이다. 근엄한 종갓집 큰 기와집보다 나지막한 초가삼간 집 넓은 마당이면 좋겠다.
 그 마당에서 친구나 동생들과 공기놀이, 줄넘기, 구슬치기, 땅따먹기, 자치기 등을 하며 땅거미가 내려앉을 때까지 마음껏 놀고 싶다. 땅따먹기 할 때 팅글레가 너무 무겁거나 크면 멀리까지 못 나간다. 냇고랑에 엎드려 보물 찾듯 헤매면서 예쁘고 가벼운 팅글레를 구해 와서 놀고 싶다.
 그 시절엔 앞마당에서 추수도 하며 타작도 했다. 밭에서 캐 온 고구마를 쌓아놓고 그중 작은 고구마는 골라 삶아서 빼떼기도 만들었다. 한여름 긴긴날에는 친척들과 동네 사람들이 모여 이야기 나누던 공간이다. 앞마당에는 으레 넓은 평상이 놓여 있었다. 모깃불 피워놓고 오순도순 모여 앉아 먹던 보라색 구운 감자는 정말 꿀맛이었다.

  아침에 일찍 기상하면 으레 바가지에 물을 담아 마당에다 살살 뿌린다. 대빗 자루로 마당을 깨끗하게 쓸어 놓아야 그 시절엔 조식을 하곤 했다. 평평하게 잘 다듬어진 마당에는 곡식도 말렸다. 그리고 돌담장 밑에는 선을 쭈욱 긋듯이 조그마한 화단도 만들고, 장독대 옆에는 흔하게 감나무도 서 있다. 집 모퉁이에는 무화과나무도 있다. 돌담을 타고 올라가 덩굴을 뻗으라고 호박과 박도 심었다.

  앞마당에서 관혼이 이루어질 때는 참으로 신기했다. 대나무를 잘라 삼발로 만들어 사철나무로 장식하고 색종이로 꾸며 화환을 만들었다. 그 화환으로 인해 관혼의 분위기가 한층 더 높아지고는 했다. 동네 청년들이 그걸 며칠 밤을 새우며 만들었다. 아마도 그때부터 축하 화환이 생겨나지 않았나 싶다. 전통 혼례 때 신랑은 사모관대를 하고 신부는 족두리를 쓴다. 집안의 큰 경사라 일가친척과 동네 사람들이 모두 모여 시끌벅적했다. 혼례가 치러지는 것을 보려고 아이들은 어른들 사이를 비집고 들어가 구경을 했다.

아버지 상례도 앞마당에서 치러졌다. 3일이 지나면 영구는 마을회관 앞마당으로 모셔진다. 동네 사람들이 나와 잘 가라는 마지막 인사를 했다. 그 인사를 받고 동네를 영원히 떠나는 마지막 제를 올리고 나면 꽃상여를 타고 북망산천으로 떠났다. 상두꾼은 수건 하나씩 목에 걸고 상여를 메었다.

"이제 가면 언제 오나, 아이고 아이고~" 하는 앞소리꾼의 선창과 요령 소리에 나 또한 얼마나 목 놓아 울었던가. 꽃상여 타고 떠나간 아버지는 언제 오겠다는 기약이 아직까지도 없다.

앞마당보다 뒷마당이 넓은 집을 지었다. 남들은 앞마당에 잔디를 깔고 조경수를 심어 예쁘게 꾸미고 살라고들 한다. 너무 깊고 깊은 추억 때문일까. 나는 빗자루질 하는 앞마당을 선호한다. 흙을 밟으면 뭔가 모를 흥취와 관심이 되살아나는 것 같다. 앞마당 가 둘레에는 다년생부터 구근들과 여러 가지 꽃들을 잔뜩 심었다. 바깥쪽으로 사과나무, 아로니아, 대추, 뽕나무 등 여러 종류의 나무를 심어 놓았다.

언제부터인가 맞바람을 타고 꽃씨가 날아와 앞마당에 정착했던가 보다. 하얀 민들레도 피어나고 제비꽃도 피어나며 이름도 알 수 없는 꽃들도 피고 진다. 잡초 또한 무성해진다. 그러다 보니 지렁이가 많아졌다. 앞마당을 만들어서 그렇게 적당히 관리하고 있다. 조경수로 아름답게 잘 가꾸어진 마당보다 지그재그로 만들어진 마당이 내게는 더 잘 어울린다.

 사계절 내내 거실에 앉아서 날아오는 새들을 구경한다. 비둘기, 까치, 방울새, 직박구리, 들꿩, 물까치, 뱁새, 참새떼, 박새, 찌르레기 때론 노란 꾀꼬리가 순식간에 나타났다 사라지기도 한다. 잡초는 땅을 단단하게 지키는 장군 같다. 그래서 맥문동을 많이 심었다. 군락을 이루며 피는 보라색 꽃도 볼만하다. 꽃이 지고 나면 열매가 다닥다닥 맺힌다. 이게 겨울부터 초봄까지 새들의 먹이가 될 줄이야 생각도 못 했었다. 윤무부 님의 책 『한국의 새』를 구입해 새들 이름도 알려 애쓴다.

 마당의 공간이 없는 아파트는 어떨까. 살기에는 편할지 몰라도 이런 자연적인 낭만과 운치는 느낄 수 없을 것이다. 새들의 노랫소리와 내리쬐는 빛의 감각과 바람의 감촉까지 알 수는 없기 때문이다. 바람에도 이름이 여럿 있다. 갈바람, 샛바람, 하늬바람과 부부로 살면서 제일 무섭다는 맞바람도 있다. 특히 바다를 항해할 때 제일 힘들다는 역풍도 있다.

 나름대로 만들어진 자연과 조화 속에서 휴식도 취하고 마음을 움직이며 살아간다. 거실에 앉아서 빗방울 떨어지는 모습, 유리창을 타고 눈물 흘러내리듯 내리는 빗물을 보는 일도 운치가 있다. 새들이 앞마당에 날아와서 먹이를 찾는 모습은 신통

방통하다. 어쩌다가 땅속에서 큰 지렁이를 찾아내어 목이 메지게 먹는 모습은 걱정스럽기까지 하다. 이걸 바라보노라면 새는 어느새 꼴깍 먹어 치운다.

'야! 오늘 너희들 몸보신 톡톡히 했다야.'

나는 그들에게 무심하게 속 이야기를 던지기도 한다.

우리 집은 지을 때 건축업자가 기단 높이를 생각하지 않은 까닭에 여름이면 습도가 높은 게 단점이다. 그래도 내 집엔 앞마당이 있어 안온한 마음으로 별과 달을 보며 살아갈 수 있다. 이 또한 행운이라면 행운이 아닐 수 없다. 그런 뜻에서 앞마당이란 으뜸 공간이 아닐까 싶다.

우산 같은 내 동생

 2월 하늘을 바라보며 동생 생각에 잠긴다. 계절이 오고 감은 하늘을 보면 알 수 있다. 봄을 막으려는 듯 짙은 먹구름은 낮게 떠서 흘러간다. 그러나 햇빛은 눈이 부시게 빛을 발하며 어서 물러가라고 하는 것만 같다. 계절이 오고 가는 오묘한 섭리를 느끼며 하늘을 한참 동안 바라본다. 구름이 흩어졌다가 모이고 모였다가 흩어지는 사이로 해는 들락날락 숨바꼭질하고 있다.
 십의 일곱 배가 되는 숫자를 살아오는 동안 오색 비단실로 꼰 동아줄 같은 두 동생이 있다. 늘 내 편이 되어주며 용기와 격려를 아끼지 않고 있다. 코로나 예방 접종 후 두통이 심하여 신경외과를 방문했더니 정밀 검사를 받아 보라고 했다. 설마 했는데 수막석회화(상부 후두엽 1센티) 가능성이 있으니 큰 병원으로 가보라고 했다. 머리에 이상이 있다는 것에 간이 콩알만 해지며 겁이 덜컥 났다. 이 소식을 접한 동생들은 걱정을 무척 하는 것이 아닌가. 울음 섞인 목소리로 막냇동생이 전화를 했다.

"누나! 내가 시골 촌집 하나 구해서 누나를 모시고 살고 싶다. 빨리 큰 병원에 가보자."

재촉하는 목소리가 애원하듯 들렸다.

두 동생의 따뜻한 우애로 큰 힘을 얻게 되었다. 대학병원에 가야 하는데 가족 모두 여건이 여의찮아 작은동생이 바쁜 시간을 쪼개어 병원까지 동행해 주었다. 버벅거리는 절차를 척척 해결해 주어 마음이 편안한데, 병원비까지 계산해 주어 허탈한 내 가슴엔 고마움이 꽉 찼다.

병원 다녀온 후 나약했던 생명의 존엄성을 깊이 생각하며 건강관리에 최선을 다해야 함을 절실히 받아들이는 계기가 되었다. 이 세상을 살아감에 있어서 두 동생이 나를 부모 이상으로 관심을 두고 보살펴 주려고 하니 얼마나 은혜로운 일인가. 나 역시 동생이 아프다 하면 가슴이 철렁 내려앉는다.

나를 걱정하던 막내가 요즘 아파서 고생을 많이 한다고 하니, 마음 한구석이 애잔하고 명치끝이 아프다.

대나무 숲이 있는 옛집을 아련한 그리움으로 떠올려 본다. 둘째 동생은 내 사랑을 많이 먹고 자랐으며 잠잘 때는 꼭 내 겨드랑이 밑에서 잠을 잤다. 막내와는 터울이 많은 관계로 유아 시절에는 거의 도맡다시피 보살폈다. 엄마가 일터로 나가 젖 먹일 시간이 지나도 돌아오지 않으면 울기 시작했다. 살살 토닥거리며 내려다볼수록 쌍꺼풀눈과 앵두 같은 입의 조화로움이 참, 예뻤다. 그 시절에는 모유 이외의 음식은 없었으며 할 수 있는 것은 암죽밖에 없었다. 아기에게는 오직 엄마 젖으로만 키워야 했기에 어린 나는 해 줄 것이 없어 마음이 더 짠했다. 새삼스레 그런 기억이 떠올라 구곡간장을 녹인다.

맏이로 태어나면서부터 줄줄이 남동생만 셋이나 생겼다. 늘 누나, 누나 부르며 따르는 개구쟁이 녀석들이 불면 날아갈까, 싶을 정도로 온갖 사랑과 정성을 쏟았다. 동생들 돌봄과 세끼 밥 챙겨 먹이는 일뿐 아니라 교복도 깨끗하게 빨아 다림질해서 학교 보내는 것까지 알아서 했다. 엄마는 내가 초등학교 3학년 되는 해부터 아프기 시작하여 고등학생이 되자 좀 나아졌다.

그러다 보니 동생들 건사는 내가 할 수밖에 없었다. 그렇다고 힘들게 한 동생은 한 명도 없었다. 군대 대장처럼 굴어도 나를 웃겨가며 잘 따라 주었다. 내 도시락은 못 챙길망정 동생들 도시락만은 꼭 챙겨 보냈다. '첫딸은 살림 밑천'이라는 말이 있던 시기에 맏딸들은 가족의 안녕을 우선순위로 당연히 받아들이며 부모님 일거리를 도맡았다.

사내들이라 학창 시절 운동을 열심히 하더니 도 대회에 나가 우승도 하며 태권도 사범으로 지내기도 했다. 둘째가 군대를 공수부대 지원하여 가는 바람에 5년 내내 조마조마한 마음을 말없이 움켜쥐고 지내었다. 혹독한 군 생활을 마치고 꿀벌처럼 노력하더니만 성공적인 삶을 보여 주어 자랑스럽다.

동생도 예순 살을 넘기고 있다. 그렇지만 마음 밑바닥엔 반짝이는 옥구슬 같은 우애의 정은 예나 지금이나 변함이 없다. 늘 내겐 우산이 되어주며 외로운 뿌리가 되지 않게 지켜봐 주고 있다. 그리고 친정 집안 대소사 일로 의논하면 한 번도 거스르지 않았다. 나의 의견을 따르며 순조롭게 일을 처리할 수 있게 해 주며 모든 게 긍정적이었던 동생들이다. 그러면서 우리는 지켜야 할 기본적인 선과 도리에는 일맥상통한 면을 보여 주고 있다. 보배로운 동생들과 사는 날까지 건강하게 살아가는 것이 나의 간절한 소원이다.

막냇동생의 수술과 약물 치료가 원만하기만을 두 손 모아 기도한다.

촛불의 의미

　헐벗은 겨울나무들과 메마른 들풀을 바라보면 내 마음속까지 메말라 가는 느낌을 받는다. 요즈음 들어 마음고생을 엄청나게 하고 있다. 집 앞에 황량한 들판에 나가 수십 바퀴를 돌면서 마음을 다독거린다.
　고3, 고1, 중1 세 아이가 죽순 자라듯 자라 내 키와 맞먹는다. 어쩌다가 장난삼아 몸을 툭 건드리면 내 힘이 부족함을 느낀다. 자란 만큼 만만찮게 돈이 들어가고 있다. 오늘도 또 돈 문제로 부부싸움을 하였다. 너무나 상대적인 사람을 만나 함께 살아간다는 것은 극과 극이다. 생각하는 사고방식도 너무나 다르다. 나는 공부가 때가 있는 것이며 부모의 깊은 자각으로 직분과 책임을 다해야 자녀들이 훌륭하게 자랄 것으로 생각한다.
　물론 공부할 수 있는 환경이 제일 중요하다. 그 중요성을 알기에 농장 생활 속에서는 아이들을 공부시킬 수 없다는 것을 느껴 도시로 전학을 시켰다. 한 공간에서 식솔 밥해 먹이는 것과 작업하는 사람 여러 명이 들이닥치면 먹는 것부터 우선이 된다. 남정네들은 막걸리부터 시작해서 온통 먹자판으로 집안은 글자 그대로 엉망진창이 된다. 밥상을 몇 차례 이상 차려 내어 보니, 성장하는 아이들에게 전혀 도움이 될 것 같지 않았을 뿐 아니라 딸아이가 둘이나 되다 보니 어려운 선택을 했다.

그 속에는 경제적 능력이 좌우되지만, 최선을 다해 노력하면 꼭 이루어질 것이라고 굳게 믿었다. 지금 당장 힘이 든다고 노력하지 않고 속된 말로 나를 들들 볶아댄다.

"공부는 타고나는 거야, 할 놈은 어떻게 해서라도 한다."

비속어를 되새김 하듯 하는 소리에 어지럼증이 생긴다. 또 '부모가 공부해라. 공부해라. 해서는 안 된다'고도 말한다. 부모는 공부하라고 강요보다 큰 관심을 두고 자식이 타고난 소질과 능력을 개발해 주려고 노력해야 한다고 본다. 해보지도 않고 미리 어린 싹을 자르듯이 내뱉는 소리에 정말 귀가 막힌다. 심지어 막말까지 한다.

"그래 그만큼 투자 많이 했으니까, 나중에 두고 보자 얼마나 잘 되는지?"

남에게 말하듯 소극적이며 협박하는 식으로 나오는 태도와 언어에는 신물이 날 정도다. 자식에게만은 절대 허용이 될 수 없다. 부모와 자식 간에 무슨 거래가 필요하단 말인가.

　부모의 역할은 자식을 보배처럼 키우고 보살피며 잘 가르쳐 사회로 내보내는 것이다. 가정 화목은 부부에 의해서 이루어진다는 것을 보여 주어야 한다. 또 화목은 한쪽에서보다 서로 뜻을 맞추어서 대화하면서 살아가는 방법이 중요하다. 그러나 남녀 마음은 똑같지 않아서 뜻을 맞추기란 보통 어려운 것은 아니다. "화목한 가정에 복이 온다"라고 한다. 알면서도 화목하게 살기란 정말 쉬운 일은 아니다. 얼마만큼 노력하며 사느냐가 중요한 것인데 툭 내뱉는 언어에 내 심장이 오그라든다.

　고3이 되는 아이는 대학 진학을 위해 각 학원에서 쏟아져 나온 방학 특강을 위해 달려간다. 밤을 낮 삼아 최선을 다해 노력하는 것을 보고 있자니 무엇이든지 다 해주고 싶다. 강한 마음과 자식 얼굴 보며 위안을 삼고자 하지만, 막상 부딪치는 것은 교육비로 가시밭길이다. 방학 특강비는 과목별로 받는다고 한다. 고1 아이는 어학 계통에 꿈을 가지고 있어 어학연수 교육을 가겠다고 한다. 그러다 보니 내 정신은 극도로 혼란스럽다. 둘째 동생에게 도움을 청하며 이 난국을 극복하려 했다. 매달 넣고 있는 저축 보험은 중도 해지하면 손해를 본다. 동생에게 부탁해서 이전 해주기로 하고 전액을 받아 극복하기로 했다. 언제든지 도움을 주겠다는 둘째가 곁에 있어 든든하며 살아갈 힘을 얻는다.

  돈 문제에 대해 너무나 민감하다. 자식들을 위한 것인데 말이다. 남편을 이해 못 하는 것은 아니지만 긍정적인 태도와 부드러운 언어가 아쉽다. 사람은 세상을 살아가자면 즐거운 일만 있을 수 없다. 슬픈 일 궂은 일 혼자서는 해낼 수 없는 어려운 일, 괴로운 일이 더 많다. 이런 일들을 해결하고 보살펴 줄 사람은 가장 가까운 사람이다. 그런데 자식 문제로 쓰이는 일에는 소상하게 낱낱이 털어놓지 못하는 모성은 왜일까. 아이들이 이것 하고 싶다 저것 하고 싶다고 한다고 해서 무조건 다해 주지 않는다. 그래도 꼭 필요한 부분만은 해주고 싶다. 그래서 먼 훗날 해주지 못한 부분에 대해 후회하며 살고 싶지 않을 뿐이다. 내 마음은 괴롭지만 내 하나가 희생되어 자식들의 앞날에 밝은 등불이 된다면 더 바랄 것이 없으리라.

  그해 마지막 날 작은딸애가 내놓은 카드 한 장을 받아 읽고 눈물을 왈칵 쏟고 말았다. 카드 그림이 너무 멋있고 내용도 감동을 주었다. 특히 앞표지에 붉은 양초 두 개가 타고 있는 모습은 실물과 비슷했다. 두 손으로 카드를 펼쳐 보는 순간 푸른 숲속에 눈이 부시도록 빛나는 태양이 내 가슴속으로 파고드는 그림이다. 붉은 두 양초가 타는 의미를 거듭 생각해 보았다.

얼마나 큰 의미인지를 느끼는 순간이다. 나는 또 다짐한다. 금쪽같은 내 자녀들에게 올바른 인생관과 가치관을 심어주기 위해 이 험난한 길을 포기하지 않고 끝까지 책임을 다하려 한다.

(1998. 마지막 날.)

낙엽 같은 마음

 토끼 새끼 같이 어린 세 자식은 이 어미 마음이 퇴색된 낙엽처럼 바짝 말라 소리가 나는데도 곤히 자고 있다. 그 모습을 보니 마음이 아프다. 제 아빠는 밖에 나가면 집으로 돌아오는 것조차 잊었는지 연락조차 없는데 말이다. 기다리다 또 참고 참다가 속이 터질 것 같아 전화를 걸어본다.
 "언제 들어올 거예요?"
 "금방 들어갈게."
 나는 아이들의 잠든 얼굴을 바라보다 습관처럼 시계를 쳐다본다. 새벽 2시가 지나고 있다. 화가 머리끝까지 솟구쳐 올라오는 감정을 스스로 다스린다. 여자로 아내로 엄마로 살아가기가 너무나 어렵다.
 깊어가는 가을밤에 최전방 보초병처럼 우두커니 앉아서 이제

나저제나 하고 들어오지 않는 문밖을 향해 두 귀를 쫑그리고 앉아있다. 밤을 밖에서 새우는 것에 분노가 거세게 일어나는 것은 친정어머니에게 받은 교육이 큰 것 같다. 유년 시절 친구들과 바깥에서 놀다가 땅거미가 져서 들어오면 두들겨 맞거나 훈계를 눈물이 빠지게 들었다.

"날아가는 새들도 밤이 되면 제 둥지를 찾아 들어간다. 그런데 사람의 새끼가 되어 가지고 어두워지면 잽싸게 집으로 들어와야 하거늘 여태까지 뭐 하고 놀았냐."라며 혼쭐이 났다. 고고 때 친구들과 놀러갔다가 막차를 놓친 적이 있었다. 택시를 타고 버스 정류장에 내리자, 어머니가 무서운 호랑이처럼 하고 떡 버티고 서 있었다.

그래서 그런지 밤을 지새우고 들어오는 것에 정말 이해가 안 된다. 해가 지고 밤이 되면 집으로 들어와야만 하는 줄 알고 자랐다. 그런데 이건 정반대다. 아침에 집을 나가면 이틀이고 사흘이고 들어오지 않는다. 그러다 퀭한 눈으로 집에 들어와서는 며칠 못 잔 잠을 자느라 쭉 뻗어 있다. 집에 들어왔다는 것에 안도하지만 내 마음은 온통 흙탕물이다.

열심히 살아보겠다는 나의 의지는 밥솥에 밥물 넘치듯 하얀 거품을 내고 있다. 앞으로 어떻게 살아가야 하나. 저 어린 자식들은 어떻게 해야 하나 번뇌가 몰려온다. 딸 둘 낳았을 때도

이 습관 때문에 한바탕 크게 싸웠다. 얼마나 말을 잘하는지 싸우면 내가 말문이 막힌다. 나만 상처를 받는다.

  밤이 깊어 갈수록 들려오는 이름 모를 새 울음소리는 더욱 크게 들린다. 기다리지 말고 어서 자라는 것인지 자식들 미래를 위해 좋은 생각만 하라는 것인지 모르겠다. 그러나 잠을 청해도 잠은 오지 않는다. 고스톱으로 이 밤을 태우는 남자들이 너무나 밉다고 외치고 싶다. 밖에 나가서 못 놀라는 것은 아니다. 나가서 노는데 규칙을 세워 도리를 다하라는 것이다. 금쪽같은 새끼들이 자라고 있는데 무엇을 배우고 자랄 것인가. 분명 아이들은 기억하고 있을 것이다. 난 그것이 제일 무섭다. 난 아이들이 너무나 사랑스럽다. 저 자식들을 훌륭하게 키우고 싶다. 그러기 위해서는 나는 무조건 참아야 하는데 내 감정 소용돌이가 미친 듯이 일어난다.

  내 목숨을 걸고 자식을 낳은 고통보다도 외출했다하면 밤이 늦도록 들어오지 않는 사람을 기다리는 고통이 더 심하다. 밤마다 낙엽 같은 마음이 되어 기다리다 혼자 신세타령을 하며 눈물을 쏟는다. 이기적인 사람과 앞으로 긴 세월을 함께 영위하기 위해서는 내가 어찌하면 좋을까. 그 놀이에 빠져 지내온 지 10년째이다. 몇 년을 더 기다려야 할까? 아직 자식들은 어리다. 자식들을 제 갈 길 가는 인물로 키워 내자면 쉬운 일이 아니다. 나는 역경과 고난을 인내로 이겨내야만 하는 데 너무나 힘이 든다. 아이들은 어미 품속이 최고인 양 새근새근 세상모르고 잠을 잘 자고 있다. 사랑스러운 세 아이 숨소리가 내 가슴속을 파고든다.

(1992. 가을)

남편의 빈자리

　집도 오래되다 보면 고장 나는 줄 모르고 칠십 평생을 살아 왔다.
　남편이 해외에 사는 두 딸 집으로 떠났다. 그 다음날 아침 해도 떠오르기 전에 집안이 침몰하는 배 꼴이 되었다. 세탁기, 싱크대 배수관이 막혀 물들이 역류해 올라와 물바다가 되어 있었다. 집에는 나 혼자뿐이다. 내가 해결해야만 했다. 창밖을 내다보며 생각에 생각을 골똘히 거듭하였다. 꼭 내가 선장이 되어 키를 잡고 우리 집을 몰아 항해해야 할 것만 같았다. 이 난관을 어떻게 해결해야 할까 생각이 팽이 돌듯 했다.
　일단 마트로 달려갔다. 뻥뚫어를 사들고 와서 세탁기 배수구와 부엌 싱크대에 부었다. 다행히 역류는 되지 않는다. 뚫린 것인가 보다 생각하고 물을 내려 보냈다. 그러자 다시 역류되어 세탁실이 물바다가 되었다. 쉽게 해결될 것 같지 않았다. 졸지에 궁색해진 난감한 아낙네 신세가 된 것 같았다. 어찌할지 몰라 가까이 지내는 부녀회장님께 전화를 드렸다. 회장님은 큰 건물을 소유하고 있으며 관리를 잘하고 있다. 자초지종 설명을 하였더니 집 뒤에 배수관을 살펴보라는 등 필요한 정보들을 알려준다.

감기몸살로 아픈 몸인 회장님이 장비를 사들고 우리 집으로 오겠다고 하였다. 기술자를 불러대면 돈이 많이 들어가니 둘이서 해결해 보자고 한다. 어려울 때 든든한 힘이 되어 주는 고마운 분이다. 일단 혼자서 해보고 안 되면 회장님을 부를 테니 몸조리 잘하시라 하고 전화를 끊었다. 집 뒤에 가서 가르쳐 주신 배수관 뚜껑 두 개만 간신히 열어본다. 도대체 뭐가 뭔지를 도저히 모르겠다. 배수관에서 물이 나오는 것을 확인해 보라는데 보이지 않는다. 왜 막혔는지도 모르겠다.

그다음 날 회장님 말씀대로 굵은 소금을 배수구 구멍에다 꽉 찰 때까지 집어넣고 물을 조금씩 흘려보냈다. 잘 내려가는가 싶더니 도로 역류되어 올라왔다. 보일러 스위치를 목욕으로 눌렀다. 창고에 가서 긴 호스를 갖고 와 배수구에 넣고 뜨거운 물을 부어 보았지만 구역질을 하듯 세탁실로 마구 토해 내었다. 세탁실이 물바다가 된다. 깜짝 놀라 물을 잠그고 호스를 빼려 하니 호스까지 빠지지 않았다. 큰일이다. 호스가 뚝 끊어진다면 더 큰 사고가 날 것 같았다. 긴장을 하다 보니 땀이 비 오듯 흘러내렸다. 엄동설한에 무슨 이런 일을 겪는단 말인가. 이틀 밤을 새우며 마음을 차분하게 가라앉히고 새로운 방법을 찾아보기로 했다.

아무것도 할 수 없는 하루를 또 맞이하였다. 오늘이 3일째 되는 날이다. 뚫릴 것 같으면서 안 되는 이유는 뭘까? 무엇이 막고 있는가? 가정주부의 역할을 그동안 소홀하게 해왔는가? 결국 남편의 빈자리가 크게 느껴진다. 미우나 고우나 함께 있어서 서로 위안이 되는 사람이었다는 것을 깨닫게 된다. 때때로 그는 힘겨운 인생의 얄미운 동반자였다. 때론 콕콕 찌르는 말과 견디기 힘든 아픔을 줄 때는 도망가고 싶기도 했다. 그래서 나는 사랑으로 인해 미움을 배우게 되고 미움을 통해 사랑을 느끼게 되는 사람으로 변해갔다. 힘들고 어려울 때 부르면 달려올 수 있는 사람은 오직 그대뿐이라는 걸 새삼 느끼게 되었다.

그래 언젠가는 누구든 혼자서 살아갈지도 모른다. 미리 혼자 살아가는 연습을 한다는 생각으로 차분하게 마음을 먹는다. 이날도 배수구와 싸움을 시작을 했다. 베이킹 소다를 부어 따뜻한 물을 팔팔 끓여 부어 보았다. 잘 내려가다가 또 역류가 되어 올라온다. 또다시 부어 놓고 기다려 보기로 했다. 그리고 농장에서 사용하는 급수기 리플 청소하는 강철을 가져왔다. 80m나 되는 철사를 혼자서 다룬다는 것은 만만치 않았다. 배수구가 닿는 데까지 넣고 당겨보기를 몇 번을 반복해 보았다. 그리고 베이킹 소다와 식초를 붓고 또 하루를 기다렸다.

　남편한테서 전화가 왔다. 전문가를 부르라고 한다. 될 듯 될 듯한데, 전문가를 부르면 백만 원 이상 들어간단다. 우리 집 구조가 복잡하게 되어 있는 것 같다. 아무튼 해보는 데까지 해보고 결정하겠다고 했다. 전문가를 부르지 않아도 될 것 같은 배수구여서 혼자 힘으로 견뎌내려고 노력했다. 내게 닥친 조그마한 어려움을 내 힘으로 감당해 나갈 수밖에 없다. 특히 기술 방면에 뛰어난 남편 어깨너머로 배운 지식들이 40년 넘게 몸에 밴 탓도 있다. 언젠가 농장 파이프라인 자동 급이기 기계가 잘 돌아가다가 딱 멈추어 서고 윙윙 소리만 났다. 남편 역시 출타 중이라 결국 혼자서 해결해야 하는데 어떻게 해야 하나 멍하니 서 있었다. 마침 옆에 있던 망치를 들고 원동기 모터를 서너 번 때렸다. 그랬더니 신기하게도 잘 돌아갔다.

　겨울밤 냉기 속에 혼자서 고민을 하며 잠을 청했다. 5일째 되는 새벽에 배수구가 성이 난 듯 기를 쓰며 버럭버럭 큰소리를 낸다. 그러더니 퍽 한다. 누워서 그 소리에 귀를 기울이며 생각했다. 이제야 항복하고 뚫리는가 보다. 무엇이 해결해 준 것일까. 5일 동안 한없이 작게 쉬었던 한숨이 크게 나왔다. 새벽의 고요함 속에 마음이 편안해지며 기쁨의 노래가 절로 나오려 했다.

밴쿠버공항에서 만난 할머니

　따라가겠다며 출국장에 뛰어 들어온 손녀와 간신히 헤어졌다. 홀로 출국수속을 밟고 대한민국 탑승구 앞에 대기 하며 먼 산을 바라본다. 이국 만 리에 자식들을 두고 떠나가는 마음만큼 공기마저 무거운 공항이다.
　나이가 지긋해 보이는 한국 할머니가 나를 보고 빠른 걸음으로 다가왔다. 내 옆에 앉자마자 이웃 할머니처럼 이야기보따리를 푼다. 막내아들과 헤어지고 나니 발길이 떨어지지 않는단다. 한국에서 꽤 잘나가는 회사에서 근무했는데 며느리가 꼬셔서 이민을 오고 말았단다. 며느리는 일자리를 잡았지만, 아들은 일자리를 잡지 못해 집안 살림만 도맡아 한다고 했다.
　한평생 자드락길을 누비며 자식들 공부시켰단다. 자식들 모두 부모의 노고를 보답하듯 공부도 잘하였단다. 이민 온 막내는 Y대학을 졸업했단다. 내가 어떻게 키운 자식인데 아들이 집안 살림 하는 것을 보니 마음이 아프다는 둥 넋두리를 하며 한참 동안 아픈 마음을 풀어놓았다. 그리고 긴 서두 끝에 핸드폰을 빌려 달라고 하였다. 떠나기 전, 아들 목소리를 또 듣고 싶단다. 결국 며느리와 작은 다툼을 하고 부랴부랴 짐을 싸서 나오고 말았단다.

이제 떠나면 언제 만날 수 있겠나 싶은 마음을 공유하며 할머니 연세를 여쭈어보았다. 세상에 85세라고 하였다. 순간, 깜짝 놀라고 말았다. 걸음걸이가 나보다 더 씩씩해 보였을 뿐 아니라 풍채 또한 당당하고 건강해 보였다. 과연 내가 85세가 되어도 할머니처럼 비행기를 타고 다닐 수 있을까? 내 삶을 진지하게 생각하게 되었다. 할머니는 며느리가 집안 살림을 아들에게 시킨다고 속상해하지만, 나는 사위들이 집안 살림을 내가 민망할 정도로 잘하고 있었다. 그러다 보니 이쪽저쪽 편에 서서 말을 함부로 할 수 없는 처지다.

나는 몇 년 째 이 나라를 오가며 살아 보니, 이곳에서 살기 위해서는 서로 도우며 사는 것이 당연지사로 여겨졌다. 육아 과정도 왜 이리 힘이 드는지 몰랐다. 또 맞벌이 등으로 숨 가쁘게 살아가고 있다. 할머니 사항과 나와는 정반대 입장이다. 내 사위들은 직장 다니랴, 집안 살림 도와주랴 무척 바쁘게 살고 있다. 빨래하는 것과 건조된 빨래를 꺼내 보기 좋게 개키는 모습도 능숙하다. 어린 자식들 목욕시키는 것까지 스스럼없이 잘들 하며 알콩달콩 살아간다.

　그렇지만 나 역시 보고 배운 습관이 몸에 배어 있기도 하여 엉덩이를 땅에 댈 시간도 없이 손주 보는 재미 속에 집안 살림을 거들며 지냈다.

　한국의 장인 영감은 자식들 목욕시킨 일은 신생아 때 빼고는 거의 없다. 내가 살아가던 시대만 해도 대부분 한국의 아버지는 부엌에 들어가서 일을 하거나 집안 살림에 손을 대면 큰일 날 것처럼 모친으로부터 철저한 교육을 받고 자랐다. 스스로 하는 능력을 키우지 못했다. 그래서 난 아무리 힘든 일이 있어도 남편에게 부탁해 본 적이 없이 혼자 소화해 내며 살아왔다. 어쩌다 집안일을 시키면 어설프기 짝이 없고 꼭 뒷손이 가게 된다. 남편은 딸들이 살아가는 모습을 보고 무슨 마음인지 모르겠지만, "우리 딸들은 시집은 참! 잘 갔다"라고 하지만 그 말이 내겐 시큼하게 들렸다.

　외국 사위들이라 어릴 때부터 부모님의 행동과 사회적 교육을 받아서 그런지 몰라도 아내를 아끼고 사랑하며 주말이면 가족과 함께 자연을 즐기며 사는 모습은 참! 아름다웠다. 동양

문화는 원형 문화이며 서양 문화는 직선 문화이기도 하다. 그 문화를 대입시키며 화목의 꽃을 피우며 행복하게 살아가기를 바라는 마음이 크다. 남녀 구별로 따지는 시대는 지나간 것이다. 서로 노력하는 부부로 살아가야만 행복을 만들 수 있지 않을까. 우리나라도 어려서부터 사회적 교육도 중요하지만, 부모 교육이 제일 크다고 생각한다.

1930년대에 태어난 할머니는 현시대를 받아들이기 쉽지만 않을 것이다. 내 친정어머니뻘 되는 시대이니까. 그땐 모든 부모는 그랬다. 자식들 가르치며 먹이고 입히는 것에만 혼 힘을 쏟았다. 오직 자식에게 줄 수 있는 것은 깊고 깊은 사랑뿐이었다. 그땐 어머니들은 아침 일찍 일어나 맨 먼저 우물에서 물을 길어왔다. 그리곤 장독대나 부뚜막에 물 한 사발 떠 놓고 자식들 이름을 부르며 하루의 안녕과 자식들 꿈을 키우는 발언 기도를 하였다. 나 역시 어머니께서 물 한 사발 떠 놓고 비는 모습을 종종 보며 자랐다. 보리밥 한 그릇 수북이 담아주고 잘 먹는 모습을 지켜보며 쌀밥 언제 먹일까 생각하며 살아온 그 시대의 할머니다. 그러니 깊고 깊은 모성을 무 자르듯이 자를 수 없는 것이다. 아마도 할머니께서 가르친 교육 중 최고로 꼽는다면 '독립심과 자립심, 비상한 용기와 지혜이리라. 본국이 아닌 타국에 살아간다는 고난과 역경은 몇 곱이나 된다. 다국적 민족이 사는 곳에서 내실 있게 하며 창조적인 능력을 발휘하자면 얼마나 힘들 것인가 생각하니 마음 한구석이 짠하다.

이제 할머니뿐 아니라 나 역시 자식이 결혼하여 동시대를 살아가고 있다. 이에 걸맞게 변화하며 살아가야 함을 한 수 배운다. 자식은 소유물이 아니라는 것을 알면서도 살아 있는 동안만큼은 조금이라도 보살펴 주고자 하는 어미의 마음이다. 자식 나이가 마흔이 코앞인데 인생의 교훈적인 말과 올바른 가치관과 성실한 정신을 가르친다고 받아들일 나이는 이미 지났다. 옛 속담에 부모 마음에는 '부처가 들어 있고, 자식 마음에는 앙칼이 들어 있다.'고 했다. 정말 그렇다. 더더구나 자식이 결혼하여 가정을 이루고 손주가 태어나면 앙칼은 더욱 두드러지게 된다. 자식들 가정을 터치하면 안 된다.

할머니는 할아버지를 먼저 저세상에 보내고 막내에게 큰마음을 내려놓았던 것 같았다. 홀로 사시면서 시간만 나면 자식 집을 오가며 지내는 것 같았다. 딸이 없느냐고 했더니, 딸도 두 명이나 된다고 했다. 근데 유독 막내에게 모성이 가는 것은 필연임을 어찌 막으랴. 자식이 뭔지 머나먼 타국까지 찾아왔건만 이리저리 뒹구는 낙엽 같은 할머니 마음과 무엇이 다를까 싶다.

블루베리 농장에서

　몇 해 전 여름. 캐나다 크라우스 베리 농장에 딸과 사위 손녀와 함께 갔다. 밴쿠버에서 동쪽으로 3시간 거리에 있는 어마어마한 농장을 보고 눈이 휘둥그레지고 말았다. 가족끼리 즐기면서 놀 수 있게끔 어린이 놀이터와 아이스크림, 피자도 팔고 있었다. 그 옆에는 농장에서 딴 과일을 파는 큰 가게도 갖추고 있었다. 땅이 넓으니까 주차장부터 운동장만큼 만들어 놓았다. 하루 코스를 잡아 소풍 장소로도 좋았다. 트랙터에 기차처럼 좌석을 줄줄이 알사탕처럼 꿰어 아이들을 견학도 시키며 베리 종류와 맛을 설명도 하였다.
　참으로 끝이 보이지 않는 농장 속에 딸기, 복분자 등 베리 종류가 많았지만 나는 블루베리에 관심이 갔다. 어느 고랑을 선택해서 들어가야 알이 굵고, 잘 익은 것을 딸 수 있을까 싶어 이리저리 살피고 있었다. 그런데 깊은 안쪽에서 블루베리를 잔뜩 따서 머리에 이고 오는 아주머니가 보였다. 분명히 한국의 어머니라는 것을 알 수 있었다. 아니나 다를까 나를 보고 저쪽 끝에 들어가면 좋은 것이 많다고 한다. 한국말을 한다는 것에 작은 기쁨이 일어났다. 한국의 어머니는 여기까지 와서 자식들을 위해 아등바등하며 살아야 함과 동시에 나 자신까지 생각하니 웃음이 나왔다.

대물림 받듯 내려온 한국의 어머니 상을 증명해 보였다. 어머니로부터 엄격한 가정교육 탓일 것이다. "비록 가난하고 병이 들어도 바른길로 가거라. 남의 것은 공짜로 먹으면 안 된다. 남의 것은 만져도 안되고 쳐다보지도 말아라. 남을 비방하면 절대 안 된다. 남의 욕을 입에 담고 사는 사람은 자식들이 잘 풀리지 않는다. 잘 되는 집 나무에는 좋은 열매가 달린다. 열심히 노력하며 살아야 한다는" 등등. 어머니께 받은 교육은 나이를 먹을수록 되살아나고 있다.

프랑스 유명한 소설가 앙드레 모루아가 한 말이 있다. '인생에 있어서 여러 가지 형태의 만남이 있다. 남편과 아내의 만남, 아버지와 아들의 만남, 그중에서 동포 간의 만남이라'는 말도 있다. 언어가 통하는 동포를 만나는 것은 뭐라고 형용할 수 없는 기쁨이 가슴속에서 일어난다.

어머니들도 자식 간의 만남처럼 소중하고 귀한 것이 또 있을까 싶다. 이국 만 리에서까지 자식들을 위해 헌신하고 희생하는 그 정신을 누가 막을 수 있겠는가. 한국의 어머니가 대단한 것은 사실이다. 캐나다 퀘백 안사돈께서 딸네 집에서 와서 자기 것만 챙겨 먹으며 가만히 있었던 모양이다. 보다 못한 사위가 어머니에게 한 소리를 하더란다. 한국 어머니는 김치도 담그며 집안일을 알아서 척척 해주는데 어머니는 왜? 가만히 있느냐며, 또 한국 어머니 희생정신을 피력하면서….

한국의 어머니가 일러준 곳으로 발길을 옮겼다. 작은 나무에 다닥다닥 붙은 블루베리를 보니까 어떤 것부터 따야 할지 한동안 멍했다. 특히 따면서 먹는 것은 공짜라고 했다. 보는 순간 지레 질려 버렸는지 좋아하는데도 당기지 않았다. 정신을 차려 자식과 손주들을 먹이기 위해 부리나케 땄다. 혹시 몰라 집에서 큰 박스를 준비해 간 덕분에 한자리에서 많이 딸 수 있었다. 인건비를 생각한 것 때문인지 따가지고 나온 것은 저렴하게 값을 쳐서 받았다.

블루베리는 안토시아닌 항산화질, 식이섬유(칼슘, 철, 망간)가 함유되어 있단다. 특히 눈 건강, 젊음을 유지한다는 매혹적인 과일이다. "세계 2차대전 때 영국 공군의 조종사가 빵에다 블루베리를 빵 두께만큼 많이 발라 먹은 결과 희미한 빛 속에 물

체가 잘 보였다."라고 증언한 것이 실마리가 되어 학자들이 연구하였단다. 그 결과 시력개선에 효과가 있다고 한다. 눈의 피로를 자주 느끼는 나에게 큰 관심 대상이었다.

  북반구의 강렬한 햇볕이 내리쬐는데도, 더 많이 따서 나오려고 털썩 주저앉아서 좋은 것만 따느라 분투하였다. 그렇게 정신을 온통 블루베리에게 빼앗기다 보니 꽤 많이 딸 수 있었다. 한국에서는 있을 수 없는 일이다. 끝이 보이지 않는 블루베리 농장에서 마음대로 골라서 따 갈 수 있다는 것에 희열을 느낄 수 있었다. 누가 간섭하는 사람도 없다. 망을 보는 사람도 더더구나 없었다. 나 역시 무게가 꽤 나가게 따다 보니 어쩔 수 없이 머리에 이고 나오게 되었다.

13살 귀염둥이

　나의 소중한 딸이 어느새 국민(초등)학교 6학년이 되었다. 첫째로 태어나면서 녹록하지 않은 환경 속에서 잘 자라 주었다. 농장을 하기 위해 서울을 떠나 수원에 정착했을 때 태어났다.
　9개월 접어들 때 세상을 만났다. 낙후된 시골에서 엄마와 줄다리기를 이틀 동안 하다가 '응애응애' 했던 아이다. 그러다 보니 피부는 빨갛게 흐물흐물하여 손을 대고 씻기조차 가련하였다. 모든 환경은 사람이 살아가기에는 부족함이 너무 많았다.
　아이가 태어났다고 하자 시어머니, 시아주머니까지 찾아왔다. 생활물자가 턱없이 부족한데 마른 메기만 갖고 오셔서 연탄불에 굽고 계셨다. 출산하느라 고생했다는 격려보다 첫 대면 하는 손주를 보고 "못생겼다. 못생겼다." 하는 소리에 속이 무척 상하다 못해 서러움에 복받쳐 눈이 퉁퉁 붓도록 울었다. 갓 태어난 아이에게 첫 인사가 못생겼다고 하다니, 그 모난 소리가 어찌나 가슴에 박혔는지. 나는 이 아이를 이 집안에서 최고 훌륭한 인물로 키워낼 것이라고 다짐했었다.

한겨울에 태어나 엄청나게 고생하며 자랐다. 살얼음이 방안에서 얼었다. 습도와 온도가 맞지 않았으니, 코가 매워 숨을 제대로 쉴 수 없었다. 그런데 농장관리 보려고 아이를 남편에게 맡겨 놓고 갔다 오니, 아이가 운다고 두꺼운 솜이불을 푹 씌워 놓고 있었다. 깜짝 놀라 이불을 젖히고 보니, 아이가 숨을 가쁘게 쉬고 있었다. 숨구멍이 하얗게 되어 있으며, 눈을 동그랗게 뜨고 쳐다보았다. 깜짝 놀라 아이를 들쳐 업고 병원으로 냅다 달려갔다. 아무리 귀찮아도 그렇지, 갓난이를 그렇게 방치한다는 게 도무지 이해가 안 되었다.

아이는 다행히 열악한 환경 속에서도 약간의 잔병을 겪으면서 잘 자라 주었다. 투정을 부리며 우는 것도 없었다. 농장 일을 할 때는 커다란 고무통에 담아 놓아도 혼자서 잘 놀던 아이다. 또 낯을 가리지 않아 아랫집 농장 용주 어머니가 자주 봐 주셨다.

그림책을 보면서 놀라고 하면 집중력 있게 잘 보았다. 그리고 한글을 5살 때 깨우치기도 했다. 깜짝 놀라 어디서 배웠냐고 했더니 텔레비전에서 배웠다고 하였다. 국민(초등)학교에 들어가면서부터 올 백점을 받아와서 세상에 모든 행복을 다 얻은 기쁨을 안겨준 아이다. 6학년이 되자 얼굴에 생기가 감돌며 힘찬 기운이 넘치는 말을 하였다.

"엄마~ 엄마 저 전교어린이회장에 출마할래요."
"엄마~ 엄마 웅변대회에도 나가 볼래요."
"엄마~ 엄마 미술대회에도 출전해 볼래요."

무엇이든지 하고자 하는 의욕이 넘쳤다. 그리고 전교어린이회장 출마는 생애 첫 지도자로 선출되기 위해 나간다는 것에 나 역시 덩달아 가슴이 부풀었다. 나름대로 목표를 세우고 하고자 하는 용기가 분명하여 얼마나 기특한지 몰랐다. 다가오는 21세기에는 남녀 구별 없이 무엇이든지 창조할 수 있으며, 정년이 없이 마음껏 일할 수 있는 세상이 펼쳐질 것이다. 이 세상에서 첫 아이가 엄마 앞에서 뽐내며 이야기하는 모습은 그 무엇과도 비교할 수 없는 행복이었다. 이 세상에서 태어나 최초로 만난 엄마와 딸이며 가정교육에서는 스승인 셈이다. 13살 귀염둥이에게 큰 영향을 주는 엄마가 되기 위해 부모 역할 훈련교육과 책을 읽으며 살아가고 있다.

그다음 날이었다.
"엄마! 우리 반에서 남자 1명하고, 나하고 두 명이 전교어린이회장에 출마하게 되었는데, 우리 반에서 두 명이 나가면 둘다 떨어지게 될 것 같아 남자 친구랑 의논했어요. 우리 반에서 한 명만 나가는 쪽으로 하고, 1학기 때 내가 나가고 2학기 때 네가 나오든지, 아니면 네가 나온다고 하면 내가 양보하겠다며 의논했어요. 그랬더니 그 남자아이가 1학기 때는 포기하고 2학기 때 나가겠다고 했어요."라며 뽐내었다.

두 아이의 똑똑한 지혜 속에 우리 귀염둥이가 당선되어 전교 어린이회장직을 수행하게 되었다.

생각할수록 재치 있으며 융통성 있게, 서로를 믿고 우정을 쌓는 모습은 어른들이 배우며 살아가야 할 것 같아 흐뭇하였다. 그래서 2학기 때는 그 남자아이가 당선되어 저희끼리 약속이 잘 지켰다. 영특하게 학급 일들을 잘 처리하며 단체 활동도 잘 이끌어 가는 모습이 참 대견스러웠다. 정말 잘했다며 큰 격려를 아끼지 않았다. 13살의 지혜들이 앞으로도 많이 탐구하고 배워서 사회에 나아가 자기 꿈을 키우며 잘 성장하길 바랐다. 나 또한 어떤 역경이라도 견디며 세 자식을 위해 큰 힘이 되어주고자 다짐한다.

(1993. 늦은 봄)

손녀와 한국어

    2022년 4월 11일 캐나다 손녀한테서 페이스톡 영상 전화를 받았다. 딸인 줄 알았는데 손녀였다. "할머니!" 하고 부른다. 포동포동한 얼굴에 빙그레 웃는 모습이 천사 같다. 그 함박웃음을 보는 순간 나 또한 웃음이 저절로 나온다. 손녀 모습과 웃는 모습을 보니 보약을 먹고 영양을 보충한 듯 기운이 난다. 웃음은 확실히 심신을 이롭게 하는 묘한 약이다. 아! 이 세상에서 손녀딸보다 더 예쁘고 사랑스럽게 웃는 얼굴이 또 어디 있을까. "어머나! 내 사랑 레일라 아인이구나." 했더니 "할머니 놀자." 한다. 어느새 자라 핸드폰을 마음대로 만진다는 것이 놀랍다. 아이는 나이가 일곱 살이지만 실제론 6돌도 지나지 않았다.
    "할머니, 할아버지는 코리아~ 아인이는 캐나다 퀘벡"이라며 똑소리 나게 한국말을 하는 바람에 나는 더 깜짝 놀랐다. 캐나다 퀘벡이 본적이라는 것이 당연한 일인데 왜! 서운한 바람이 가슴에서 일어나는지 모르겠다. 첫 손녀라 내 가슴에 사랑으로 가득 찬 꽃이었는데 한순간 그 꽃잎이 떨어져 나가는 느낌이 들었다.

오늘은 한국말보다 영어로 말을 한다. 할머니 하고 말할 때는 한국말 하라고 해도 소용이 없다. 할머니에게 영어 공부를 가르치겠단다. 화이트보드에다 글을 쓰며 따라하라고 한다. 첫째 본인 이름부터 "엘, 이, 아이, 엘, 에이"이니 따라 하란다. 그리고 'leila' 영어 철자를 쓰며 본인 이름이란다. 그리고 할머니 선물이라며 하트 모양을 크게 그린다. 색칠을 해야 한다며 이번엔 색이름을 가르치기 시작한다. "레드, 그린, 블루, 옐로, 보라"를 카메라에 갔다 대며 설명을 한다. 매직 칼라 네임펜으로 유치원 선생님 흉내까지 낸다. 마치 선생님이 된 듯 목청을 높여 가르친다. 그리고 영어를 유창하게 말하는데 도통 알아들을 수가 없다. 무조건 오케이~ 오케이~ 대답하니, 더욱 열성적으로 가르치기 시작한다. 그러다가 흥이 나는지 영어 노래를 부르며 춤을 추기 시작했다. 박수로 박자를 맞추며 "얼씨구 잘한다." 했더니 아주 신이 나서 팔짝팔짝 뛰기 시작한다.

할머니도 이름이 있다고 해도 아니란다. 할머니 이름은 오직 할머니란다.

아기들만 노는 텐트 속에 몸집이 큰 할머니도 들어와서 같이 놀자고 했다. 나는 얼굴만 들이밀고 거미 나온다, 까마귀 나온다, 개구리 나온다, 할로윈 나온다 하며 놀았다. 그런 소리를 하며 놀다가도 특히 까마귀 나온다고 하면 내 품속으로 달려들었다. 손녀는 그렇게 까마귀를 무서워했다.

손녀는 질문이 많았다. 이것이 뭐야? 저것이 뭐야?라며 보는 것, 듣는 것에 대해 묻는 것이 많았다. 그때는 한국말로 서로 의사소통을 했다. 아침에 눈만 뜨면 아이는 할머니부터 찾았다. "할머니~ 할머니~" 부르면서 미끄럼 타듯 2층 계단을 쪼르르 내려왔다. 대답할 때마다 나는 "오야~ 오야~" 소릴 했다. 그 소리가 듣기 좋았는지 자꾸 "할머니~ 할머니~" 불러댔다. 더러 간식을 먹이다가 실수라도 하면 "어매 유야꼬~" 나는 혀를 찼다. 손녀는 그 소리가 재미있다는 듯 까르르 웃었다. 그러고는 그 소리를 더 듣고 싶어 일부러 떨어뜨리기도 했다. 그럴 땐 나는 일부러 "에헤 참 우야꼬~" 했다. 아이는 재미있다는 듯 까르르 웃었다. 그렇게 한국말을 가르치며 놀았건만 어느덧 유치원에 들어가 한국말을 잊어가는 게 아닌가.

내가 다시 한국으로 돌아온 뒤 이내 팬데믹이 전 세계로 유행하기 시작했다. 그 와중에도 나는 손녀 자랑이 하고 싶어 입이 간질간질거린다. 아이는 지금 현지 학교 유치원을 다니고 있다. 반에서 1등을 하는 정도가 아니라 언어(불어)를 디코딩하는 능력, 즉 읽고 듣고 해석하는 능력이 또래 기준 평균 45%인데 우리 손녀는 97% 능력 평가를 받았다고 한다.

올해 9월이면 초등학교 1학년에 입학을 할 예정이다. 그렇게 되면 한국말은 점점하기 쓰기 어려워질 것이다. 사위가 중등학교 불어 선생이고, 엄마는 교육 사업을 하고 있다. 집에서 아빠와 불어로 소통하며 지낸단다. 엄마는 동생이 있다 보니 함께 지내는 시간이 적다. 그래서 한국말을 쓸 기회는 자꾸만 적어지고 있다. 말은 못 하지만 손녀는 나름으로 뜻은 알아듣고 행동도 한다니 다행이다. 영어, 불어, 한국어 3개 국어를 해야 아이는 친가, 외가, 친구들과 소통이 된단다. 할머니와 재미있게 놀았던 실낱같은 추억을 잊지 않고 있는 손녀에게 나는 지금도 기도와 함께 큰 사랑을 보낸다.

우체국 국제특송

 우체국 박스에 각기 다른 물품을 끼워 넣느라고 비지땀을 흘린다. 한 달에 한 번, 또는 두 달에 한 번씩 손주들이 좋아하는 김과 미역과 예쁜 옷, 과자 등을 바리바리 챙긴다. 박스에 비하면 마음이 너무 커서 매번 포장을 할 때마다 굵은 땀을 흘리기 일쑤다. 어쩌면 좋으냐, 뜨거운 태양 같은 모성이 꺼질 줄 모르니. 이젠 그만 보내라는 남편의 속없는 잔소리도 소귀에 경 읽기다.
 이번에는 두 달이 넘게 준비해서 보냈다. 운송비가 만만치 않다. 자식들에게 보내는 것이라 아까운 마음이 들지 않는다. 다만 정해진 물건만 보낼 수밖에 없어 아쉽기만 하다. 만약 한국에서 가정을 이루고 산다면 주말마다 찾아왔을 터이다. 그것에 비하면 약소할 따름이다.

두 딸네 집에 바람을 쐬러 가고 싶은 생각이 불쑥 생길 때도 있다. 그러나 갈 수가 없다는 것에 마음은 또 그믐달을 만들고 만다. 그럴 땐 차를 끌고 나가 다람쥐 쳇바퀴 돌듯이 집 주위를 뱅글뱅글 돌면서 보고 싶은 마음을 달래곤 한다.

수십억 인구 중에 부모와 자식으로 만났다. 세 자식을 키울 때 세상살이가 녹록지 않았다. 부부 인연으로 만나 각기 다른 사고방식이나 생활습관은 거센 파도와 같았다. 자식에게 목숨 줄을 걸다시피 거침없이 도전하는 삶을 살아왔다. 양계산업을 하면서 아이들을 좋은 집에서 키우지 못했다. 사업 실패도 있었고 자연재해도 겪었다. 오직 강해야만 산다는 마음다짐을 수없이 해댔다. 정말 힘들었던 것은 가족관계와 골육상쟁 극복이었다. 그럴수록 내 자식만은 어디를 내놓아도 자신 있게 살아가는 사람으로 키워야 한다는 주문만 외웠다. 좋은 옷과 좋은 음식을 먹이기 위해 치열하게 살아왔다.

먼 훗날, 자식들은 밝고 명랑하게 사회를 위해 지혜롭게 잘 살아갈 것이라고 굳게 믿었다. 자식에 대한 믿음은 지금도 변함이 없다. 세 자식들은 대학을 다니면서 과외나 주말 아르바이트를 해서 용돈을 벌었다. 그리고 장학금을 받아서 작은 도움을 주었다. 어떤 자식은 올 A학점을 받아 교환학생으로 중국을 다녀오기도 하였다. 세 자녀 모두 해외 어학연수를 다녀와

2개국어 내지 3개국어 한다. 큰애는 교육자의 길을 걸으면서 소외된 나라 어린이를 돕는 일을 하다가 신랑을 만나 떠났다.

아들은 아들대로 남자들의 의리로 이름난 해병대를 제대하였다. 대학원 졸업과 동시에 취업을 했다. 막막했던 사회 초년생을 무사히 잘 견뎌 내더니 자신감이 돋보인다. 외국인 회사에서 엔지니어의 길을 용기 있게 걸어가고 있다. 특히 일머리 능력이 뛰어나다는 인정을 받고 있는 것 같다. 또 우리나라가 살기 좋은 나라라며 긍정적인 태도와 세상을 거침없이 잘 항해를 하고 있어 대견하다. 친구관계도 원만하며 돈을 모으고 쓸 줄 아는 사나이로 거듭나는 것 같아서 자랑스럽다.

우체국 국제특송은 나만의 유일한 낙이다. 이제는 최선을 다해 살아온 나처럼 각자의 위치에서 인정을 받으며 기쁜 소식을 전해온다. 세계적인 코로나19로 힘든 세상을 무난하게 잘 살아가고 있음에 감사할 따름이다. 나의 깊은 사랑을 대신 배달해주는 곳이 있어 얼마나 고마운 일인가. 집 떠나면 고생이라고 했다. 다른 나라에서 산다는 것은 보통 힘든 일이 아니다. 특히 인종차별이 제일 무섭다.

참 좋은 세상이다. 약 보름이면 택배가 배달이 된다. 매일 영상 통화를 하다시피 하지만 선물이 배달될 때는 손주들은 활기가 더욱 넘친다. '할머니 봐봐~ 하면서 덩실덩실 춤을 춘다.

또 '할아버지, 할머니 사랑해요'라는 언어 속에 우리는 퐁당 빠진다.

 삶을 개척하며 사느라 자식들에게 다 주지 못하고, 가슴에 묻어 둔 사랑들이 비행기를 타고 날아간다. 희망과 기쁨을 주는 손주들이 태어나서 생동감 넘치는 사랑이 전달된다. 불성(佛性)에 제일 가까운 경지를 찾는다면 자식을 생각하는 부모의 마음이라고 했다. 가슴 밑바닥까지 쓸어 담듯이 퍼 주고 싶은 뜨거운 사랑은 언제까지 이어질까.

3.
갯가에 핀 옥흉

닭다리 · 1

　모든 생명이 새 움을 틔우는 화창한 봄날이다. 양파껍질을 벗기듯 속마음을 드러내놓고 껄껄 웃는 남편을 바라본다. 내 자식 키울 때는 저렇게 웃은 본 적이 없었다. 17개월 된 손녀딸과 페이스 톡 하며 간절하게 손녀딸 이름을 부르고 있다. 오늘도 남편 목소리가 쩌렁쩌렁한다. 긍정적인 표현보다 부정에 가까운 표현과 본인의 아집만 내세우며 내게는 쓰디쓴 맛만 주던 남편이 아닌가. 농장 일을 같이 할 때마다 발칵 역정을 내고, 또 급한 성미와 언어를 감당하기 너무 힘들었다. 속 편한 날이 없었다. 그렇지만 여자가 못하는 일을 땀을 뻘뻘 흘리며 죽을힘을 다해 일할 때는 측은하다 못해 불쌍하다는 생각이 들었다. 근데 오늘은 너무나 달라지고 변해도 너무 변한 남편 모습이다.

"아인아~ 아인아~?" 이름을 목청 높여 부른다.

"할아버지랑 뽀뽀~ 옳지 옳지 잘한다."라는 소리가 온 사방에 울려 퍼진다. 손녀가 핸드폰에다 입술을 대고 뽀뽀를 했다며 좋아서 어쩔 줄 모른다. 마치 캐나다까지 들리라는 듯 목소리가 쩌렁쩌렁한다. 창문이 흔들릴 정도다. 아파트에 살고 있지 않아 천만다행이다 싶다.

목화솜처럼 부드러운 가슴을 활짝 열어놓고 사랑의 씨앗을 뿌리고 있다. 하루에도 동영상을 몇 번씩 바라보며 싱글벙글한다. 손녀딸은 행복을 전해주는 파랑새다. 사람은 일생을 살아가면서 가슴 밑바닥을 훤히 드러내놓고 웃는 날이 얼마나 될까 싶다. 나이를 먹을수록 대화는 줄어든다. 삶의 낙도 즐거이 하기보다 의무감으로 살아갈 뿐이다. 그러다 보니 침묵이 반찬이 된 지 오래다. 그런데 손녀가 태어나면서부터 삶에 고소한 기름이 흐른다. 이제는 서로 부딪치기만 하면 손녀 동영상이 들어왔느냐며 묻기도 한다. 또 머리를 맞대고 동영상을 바라본다. 마치 옆에 있는 것처럼 이야기하며 소리 내어 웃는다.

오늘 손녀는 고사리 같은 손으로 닭다리를 꼭 움켜쥐고 있다. 토끼 이빨을 갖고 물어뜯는다. 잘잘하게 뜯긴 살코기는 "음~ 음~"소리를 내며 오물오물 하다가 꼴깍 넘긴다. 굵게 뜯긴 살코기는 영락없이 내뱉어 버리거나 양팔을 로봇처럼 흔들며 싫다는 표현도 잘한다. 아이의 행동과 알아듣지 못하는 언어는 신기하기만 하다. 아이의 언어와 행동을 읽고 소통할 수 있는 것은 오직 엄마만이다.

손녀는 닭다리를 엄청 좋아한단다. 살을 발라서 주면 싫다 하고 꼭 닭다리를 손에 쥐어 줘야 한단다. 가르쳐 주지 않아도 닭다리를 잡고 먹는단다. 세상에서 가장 빛나는 손녀의 얼굴과 모습이다.

새 생명으로 인해 나는 새로운 희망을 꿈꾸고 있다. 내 마음 속에 아름다운 정원을 가꾸어 가고 있다.

닭다리 · 2

마음이 애잔하며 코가 시큰한 기사를 읽었다. 요양병원의 어느 할머니 이야기였다. 모 잡지사 기자가 백세를 넘긴 할머니를 찾아뵙고 질문한 내용이다.

"할머니께서는 가장 드시고 싶은 음식이 뭐예요?"

104세 할머니는 아주 짧게 명확한 답을 하였다.

"닭다리!"

할머니는 평생 겸손과 양보와 인내의 옷을 입고 살아왔단다. 여자로 태어나 닭다리조차도 오빠에게, 또 남동생에게 양보만 했다고 한다. 결혼해서는 남편에게, 그러다가 자식이 태어나니 자식들에게 주었단다. 그리고 또 딸자식이 시집을 가니까 사위에게 뜯어주고 싶어 참아야 했고, 늙어서는 손자 손녀에게 주게 되더란다. 그러다 보니 어느새 닭다리는 자신의 몫은 아니

되어 버렸단다. 그래서 당신이 죽기 전에 가장 먹고 싶은 것이 '닭다리'란다.

할머니는 일제강점기에 태어나셨다. 3·1운동, 해방도, 6·25전쟁까지 겪었다. 너무나 배고프고 힘든 시대를 사셨다. 같은 여성으로 살아오신 이야기를 읽자니, 마음 깊은 곳에서부터 가슴이 찡해오며 마음마저 아프다. 1세기를 넘기기가 참으로 힘든 삶이 아닌가. 배고픈 시절을 살면서 오직 자식들 잘 키우며 먹이겠다는 일념으로 사셨다고 한다. 뭐니 해도 삶의 원동력은 자식들이었다고 회고하였다.

할머니는 어쩌다가 통닭이 생기면 남편을 챙겨주게 되더란다. 야들야들하고 번들번들한 다리 살이 남편의 입으로 들어가는 모습을 보며 침만 꿀꺽 삼키며 바라보았단다. 남편의 입술에서 꿀처럼 떨어지는 닭기름을 빨아 먹고 싶었다니 얼마나 짠한가. 한평생 험난한 길을 헤쳐 오면서 흔들리지 않았던 모성애에 잔잔한 감동이 일어난다. 너무나 많은 것을 양보하고 헌신하였다. 단백질 부족으로 노화가 빨리 찾아왔단다. 그래서 일찍부터 근육이 다 녹아버려서 24시간 침상에서 수액을 맞으며 연명하고 있다고 한다.

여성호르몬이 왕성할 때, 소화력이 좋을 때 먹고 싶은 닭다리뿐 아니라 달걀이라도 충분히 드셨더라면 충분한 영양공급이 되지 않았을까 싶다. 너무 참고 인내하였다. 먹고 싶은 것까지 참고 살았다고 하니 안타깝기 그지없다. 모든 음식을 충분히 섭취하며 살았다면 두 발로 서 있지 않을까 싶다. 그렇다. 그 시대에는 돈도 없고 물량도 넉넉하지 않았다. 내 어릴 때만 해도 그랬다. 닭 한 마리 잡기는 쉽지 않았다. 명절 때나 귀한 손님이 오는 날이면 닭고기 국물을 먹을 수 있었다.

할머니는 이제야 후회를 하였다.

"내가 왜? 내 손으로 닭다리를 내 입에 먹여주지 못하고 살았는지. 난 정말 바보 같이 살았어."라고.

또 "노인이 되는 날, 해 뜨고 지는 거 보고 자다가 시들시들한 식물처럼 사는 인간이 되지 말라"라는 말을 강조하였다. 할머니의 마지막 유언 같은 이 말씀은 내 머릿속에서 떠나지 않았다.

삶의 무게가 휘청거릴 때마다 이를 악물고 살았던 우리들의 할머니였다. 여성은 결혼하면 임신을 하고 입덧도 생긴다. 특히 먹고 싶은 것이 있다. 시들시들한 식물처럼 사는 인간이 되지 말라는 할머니의 삶을 생각하니 서글픈 생각이 감돈다. 말로 표현할 수 없는 구구절절한 세월을 보내고 이제 마지막 종착역에서 닭다리가 죽도록 먹고 싶다고 한다. 그러나 이제는 먹을 수 없다는 것이 안타깝다.

닭다리에 얼마나 한이 맺혔으면 담당 주치의 보고 "신약이고 뭐고 다 필요 없으니 닭다리 맛 나는 수액을 넣어 주사를 주던가. 아니면 닭다리 이식수술을 해주던가. 내가 이 나이에 말 다리가 필요하겠어. 소다리가 필요하겠어. 그저 앞마당 슬슬 걸어 다니고 병아리 같은 새끼들 품을 수 있으면 만족하겠어." 라고 말씀하더란다.

　한평생 자신을 잃어버리고 사신 할머니, 나를 잃어버리고 살다 보면 이중으로 병이 든다는 사실을 일깨워 주는 말씀이기도 했다. 사람은 살아가다 보면 첫째도 병이고 둘째도 병이다.

　요즈음은 식품 원재료와 생산부터 최종소비자가 섭취하기 전까지 위해요소가 해당 식품에 오염되는 것을 방지하기 위한 철저한 위생관리와 안전 시스템이 이루어져 있어 마음을 놓고 먹을 수 있는 시대에 살고 있다. 해썹(HACCP)이라고 하는 시스템 덕분이다.

　닭고기의 약효를 찾아보았다. '따뜻한 성질로서 원기를 북돋워 준다고 되어있다. 허약하고 수척한 몸을 보충해 주고, 질병을 앓고 난 뒤에 몸이 쇠약하고 소변이 잦은 경우에도 좋다고 한다.

　여름이면 삼계탕을 많이 먹는다. 기를 보호해 주기 위해서는 단너삼(황기) 뿌리를 넣으면 더욱 좋단다. 또 보혈 효과를 얻으려면 당귀와 천궁이고 정력을 보강하려면 인삼을 많이 넣어 먹으면 좋다고 한다.

 할머니의 닭다리 말씀 중에 내 다리로 걷다가 이 세상 떠나는 것이 얼마나 소중한가를 말해 주고 있다.

 '약한 자여, 네 이름은 여성이다. 여자는 약하지만 어머니는 강하다.'

 이 말은 여성을 얽매이게 하지 않았나 싶다. 여성의 운명을 철학자처럼 살아오신 할머니의 공든 탑이 왜 이리도 가슴 아프게 다가오는가.

아들과의 여행

　계묘년 설날이 다가온다. 대명절인 설을 맞이하자면 첫째 음식 장만을 꼽게 된다. 조상 대대로 내려오는 풍습을 보고 배운 목록들을 잊지 않고 있으니 자연스럽게 만들게 된다. 매년 반복되는 음식이지만 특히 내겐 예전 같지 않은 몸 상태가 문제다. 3, 4일을 무리하게 일을 하면 허리부터 시작해서 뼈가 빠개지는 듯한 통증이 엄습해 오기 때문이다.
　아들한테서 전화가 걸려 왔다. 이번 설날 연휴에는 경주로 2박 3일 여행 갈 것이니 아무것도 준비하지 말라고 강조하였다. 한 인생 살아가다 몸과 마음이 편안한 일이 생기다니 속마음은 요동 춤사위를 출 것 같았다. 자식한테서 안부 전화가 오거나 내 마음을 꿰뚫어 보듯 속속들이 보살펴 주면 은근히 자랑하고픈 마음이 생긴다. 막내네 소식을 전했다. 가족끼리 여행

가니 오지 말라고 했다. 기분이 좋으면서도 몸에 밴 습관인지 오지 말라는 소리가 왜 그렇게 천근만근 무겁게 느껴지는지 모르겠다.

경주 여행을 한 기억이 머릿속 끄트머리에 붙어 있을까 말까, 하는데 아들 덕분에 최고의 여행을 하게 되었다. 1박은 야선(野仙: 들에 있는 신선)이란 뜻을 가진 야선미술관 한옥에서 하룻밤을 지내게 되었다. 아들은 들어서면서부터 한마디 던진다.
"엄마가 제일 좋아할 것 같아 미리 예약했어요."
참으로 특별한 집이었다. 야선 박정희 화가는 신라인이 즐겨 쓰던 두건을 항상 쓰고 산다고 하였다. 신라인의 사상을 재조명하듯 예술로 승화시키는 관념적인 정신이 돋보였다. 서당 훈장까지 하셨다는 소리에 예사로운 예술가가 아님을 느꼈다. 아직도 남성 중심의 가정, 사회에서 목표를 뚜렷하게 가지고 신라인의 정신을 갖춘 카리스마 넘치는 여장부였다. 특히 후세대들을 위한 교육을 진행 중인 것에 존경과 동질감마저 들었다. 야선미술관을 짓게 된 동기는 도시 생활로 찌든 몸과 황폐해진 정신을 치유하기 위해 경주 남산에 정착하였다고 한다.
여자의 몸으로 한옥을 지었다는 것에 더욱 놀라웠다. 흙으로 염색한 천에 그림을 그리는 등 자연에서 얻은 재료로 그림, 서

예, 도예, 음식 등 만능에 가까운 예술가였다. 처음 들어서서 집을 보는 순간 마음이 울컥했다. 유년 시절에 자랐던 환경과 비슷했다. 아궁이에 불을 지펴놓았다. 이불은 광목에 염색하여 만든 것이었다. 자연에서 얻은 소재로 만든 것이라고 하니 꼭 친정엄마 솜씨와 똑같아서 콧날이 시큰하였다. 생각지도 못한 체험을 통해 심신을 달랠 뿐 아니라 아주 먼 곳에 머무는 추억까지 소환하며 하룻밤을 지냈다.

다음날 경주 H호텔에 숙소를 잡아 두고 있었다. 그곳에 짐을 풀고 세계문화유산인 불국사와 석굴암을 찾았다. 먼저 석굴암 구경하기로 했다. 꼬불꼬불 산길을 올라가는데 차량과 관람객들이 줄을 잇고 있었다. 수년 전 석굴암 방문했을 때 보고 느낀 거대한 3.4미터 불상은 유리벽이 막고 있었다. 선조님들의 대단한 기술에 감탄하며 천천히 볼 기회조차 얻지 못했다. 관람객이 너무 많아 차례대로 돌면서 쳐다보고만 나올 수밖에 없었다. 석굴암을 내려와서 성덕대왕신종(에밀레종) 모방한 종을 타종할 수 있었다.

종을 타종하는데 1천 원 성금을 내야 칠 수 있었다. 9천 원을 내고 각각 3번씩 타종 체험을 했다. 에밀레종의 인신 공양 설화에 얽힌 이야기 때문인지 기분 또한 묘하였다. 석굴암과 더불어 유네스코 세계문화유산으로 지정된 신라 불교 전성기를 이룬 불국사 대웅전 참배를 시작으로 극락전까지 천천히 주위를 살피며 돌아보았다. 끝으로 가장 중요한 국보로 지정된 석가탑과 다보탑 쳐다보며 숨겨진 의미를 되새겨 보았다. 다보탑은 '눈에 보이는 물질의 아름다움이고, 석가탑은 마음에 비치는 정신세계'로 각기 다른 균형과 대비를 이루기 위해 만들었다고 한다. 학창 시절에 배운 석가탑은 아사달과 아사녀에 관한 전설이 깃들었으며 무영탑이기도 하다. 기단 높이와 탑신이 서로 알맞게 조화를 이루어 안정된 느낌 속에 보면 볼수록 신비로웠다. 다보탑은 여성적이라고 하듯, 산고의 고통을 겪은 여성처럼 기둥 곳곳에 세월의 흔적을 수북이 안고 있었다.

아들은 미리 잡도리하였던 것 같았다. 점심은 두부 맛집으로 안내하여 든든하게 먹게 해주었다. 두부전과 두부 탕수육은 일품의 맛을 자랑했다. '여행은 맛집을 찾아다니며 먹는 재미가 있어야 한다.'라고 하는 아들의 행동이 믿음직스러울 뿐 아니라 든든하였다. 나는 향토 음식을 무척 좋아한다. 그 음식 속에는 어머니께서 남기고 간 얼과 나에게 전수한 엄마의 손맛도 있다. 저녁은 '타 베르나' 황리단길 프렌치 레스토랑 코스요리로 색다른 음식 맛을 보게 해주었다. 동서양의 음식을 음미하다

보니 배가 무척 불렀다. 황리단길 걷기로 하며 좁은 길을 나섰다. 아담하면서도 운치가 넘쳐났다. 소담스레 야생화가 피어나듯 한 거리 조성이 이색적이었다. 어느새 관광객이 북적거리며 붐비고 있었다. 야간이라 그런지 모든 점포는 유년 시절을 흉내 내는 듯하여 포근한 정을 온몸을 감싸고 있었다. 십원빵을 사서 들고 먹으며 운치를 만끽하며 걸었다. 걷다 보니 문학적인 소재가 눈에 확 들어왔다. '당신과 함께하는 시간은 빨리 가지만 황리단길에서는 천천히' 마음의 변화와 기분을 북돋워주는 짧은 글귀였다.

그다음으로 통일신라 시대 궁궐 유적지를 찾았다. 동궁과 월지 신라 왕궁의 별궁터였다. 나라의 경사가 있을 때나 귀한 손님을 맞을 때 이곳에서 연회를 베풀었다고 한다. 해가 지고 조명이 켜지면 아름답다고 하더니만, 참으로 멋있었다. 황금색 불빛을 연못이 고스란히 안고 있어 쌍둥이로 착각할 정도로 찬란한 빛에 황홀감을 느꼈다. 눈이 부시어 어릿어릿할 정도로 화려한 조명은 신비로운 세계로 매료되게 하였다. 특히 연못에 비친 전각과 나무들은 감탄이 절로 나오게 예술적으로 조성되었다. 통일신라의 역사적인 건물들을 되살려서 아름답게 만들어 놓아서 가족끼리 여행을 즐길 수 있게 잘 조성해 놓은 최고의 문화 유적이었다. 참으로 행복한 여행이었다.

감사는 행복의 문을 여는 열쇠하고 했다. 모처럼 아들과 함께하는 여행길은 마음이 편안하였다. 아들의 세심한 배려와 부모의 기분을 맞추어 행동하는 아들을 보니 내 마음이 뿌듯하였다. 그리고 또 내 뒤를 따르며 보폭에 맞춰 살뜰히 살펴주니 감동하지 않을 수 없었다. 그렇게 계묘년 설날 여행은 내 힘의 의지로 나아가면 건강해진다는 자신감을 얻었다. 운전하는 아들의 늠름한 풍채가 부위자강(父爲子綱) 도리를 다하는 모습 같았다. 멀어지는 아들의 뒷모습에 흐뭇한 미소를 보낸다.

여덟 살의 사랑

첫 손녀는 그 무엇과도 비교할 수 없을 만큼 별처럼 빛이 난다. 그러나 일 년에 한 번도 만날 수 없는 바다 건너에 산다. 3년 전 손녀와 헤어졌다. 한국에 와서도 잠이 깨면 나는 마음속에서 만들어 내는 허상에 시달렸다. 한동안 몸과 마음이 괴롭고 아픈 나날을 보냈다.

미스터트롯 정동원 가수의 '사랑은 눈물의 씨앗' 경연곡을 보면서도 얼마나 많은 눈물을 흘렸는지 모른다. 당장 달려가서 덥석 안고 싶은 심정이었다. 코로나19가 기승을 부리는 시기에 방영되어 최고 시청률 35.7%를 기록한 그 프로 속에 나 역시 푹 빠져 심신을 많이 달랬다.

눈만 뜨면 '할머니 놀자' 하던 아이였다. 또 '할머니 따라와~' '할머니 놀이터 가자'라는 한국말로 나를 제 시종처럼 데리고 놀았다. 어쩌다 부엌에서 음식을 만들고 있을라치면 할미 옷을 잡아당기며 놀자고 하던 아이다. 조금만 기다려 줄래, 이것만 하면 된다고 해도 소용없었다. 자기 원하는 목적을 소홀히 했다간 엄청스럽게 우는 것이었다. 어린아이들 놀이터에 몸집이 큰 할머니도 들어와 같이 놀자고 하였다. 나 역시 누구의 영인데 싶어 무조건 몸을 집어넣어 시행하곤 했다.

또 아이스크림을 얼마나 좋아하는지 모른다. 가게에서 파는 제품은 배탈이 날 수도 있겠다 싶어 나는 실리콘에다 영양가 있게 생 과일즙과 두유를 넣고 만들어 주었다. 냉동고에 숨겨 놓고 하루에 세 개 이상 먹지 말자는 약속도 철석같이 했다. 그러나 저녁이면 깊숙이 숨겨 놓은 것까지 다 찾아서 먹었다. 할머니의 사랑에 겨운 충정은 아랑곳하지도 않았다. 아이스크림을 벌벌 떨어가면서 그렇게 먹어도 다행히 배탈은 안 났다.

어느 날 사위는 딸아이와 함께 대형마트에 장을 보러 갔었다. 아이가 아이스크림 장난감을 보고 사 달라 떼를 쓰며 졸랐던 모양이다. 그러나 그 간절한 마음을 무시하고 억지로 집으로 데려온 것 같았다. 집 문 앞에서 서럽게 우는 소리가 크게 들렸다. 아인이의 울음소리에 나는 놀란 토끼 모양 달려나갔다.

자초지종 설명을 듣고 나니 마음이 아파 왔다. 아비야 경제적으로 가정을 지켜야 할 의무 때문에 100불이 훨씬 넘는 장난감을 선뜻 살 수 없는 게 사실이다. 그러나 아인이가 너무나 갖고 싶어 하니 그 압박과 설움이 내 가슴을 찌르듯 아프게 한다.

할머니가 있으니까 더더욱 그렇게 했으리라는 것을 짐작하고 사위에게 돈을 주며 데리고 가서 원하는 것을 사주라고 했다. 태어나서 분유가 맞지 않아 배앓이하고 푸른 설사를 하였다. 도저히 안 되겠다 싶어 초유 분유를 공수해서 먹이게 했다. 그 분유 값은 1년 동안 한 번도 거르지 않고 보냈다. 그렇게 힘들게 키운 손녀에게 무엇이 아까우랴.

아이스크림 장난감을 사가지고 들어오는 얼굴은 함박꽃처럼 환했다. 실제 아이스크림처럼 만든 아이스크림 장난감이었다. 딸기 맛, 초콜릿 맛, 시럽 등을 갖춘 완구였다. 거기다 자석까지 붙어 있어 손잡이로 원하는 것을 주문하면 척 달라붙었다. 장난감치곤 가짜 돈과 카드까지 갖추어진 것이었다. 밀고 다닐 수 있게 바퀴까지 달려있어 아이들이 갖고 놀기엔 그야말로 안성맞춤이었다.

그 아이스크림 장난감을 가지고 둘이 함께 번갈아 가며 마음껏 놀았다. 그렇게 나는 일 년에 두 번씩 비행기를 타고, 다니며 돌봐 주었다. 온 동네를 누비고 돌아다니며 우리 둘이는 놀았다. 할미가 만든 간식을 척척 잘 받아먹으며 좋아하고 신나게 놀았던 그 추억을 여덟 살이 된 아인이는 기억하고 있을까.

그렇게 티 없이 맑게 똑똑하게 자라던 아이가 어느새 초등학교에 들어갔다. 어린 시절은 인간 형성을 좌우하는 중요한 시기라고 한다. 이제는 엄부자모(嚴父慈母)의 사랑과 정성 속에 행복하게 성장하기만을 바라는 간절한 마음이다. 할머니 사랑은 글 속에서 메아리처럼 울려 퍼진다.

한국문인인장박물관을 다녀와서
- 정답게 지내며 서로 존중하는 경기 한국수필

 아! 나들이길이 이렇게 즐거울 수가 있을까. 얼마 만에 가족 같은 문우, 선후배를 만나는 날인가. 2022년 06월 28일 문학기행을 다녀왔다. 팬데믹으로부터 자유롭게 되었다. 꼼꼼한 회장님께서 전후 정보를 다 살핀 것 같다. 경기 한국수필가협회 문학기행 공문이 도착했다. 제목부터 기쁨이 가득 찬 공문이었다. '2022 날자! 경기 한국수필' 나비가 되어 날고 싶은 심정을 고스란히 담은 것 같았다.
 충남 예산 이름난 수덕사, 한국문인인장박물관, 추사고택을 하루 일정으로 잡았다. 얼마 만에 우리들의 옷자락을 스치며 담소를 나누는 기회가 왔는가. 그런데 하필이면 기상청 발표에는 집중호우가 200㎜ 이상 내린다고 한다. 정말 폭우 속에 문학기행이 가능할까? 하루를 무사히 마칠 수 있을까라는 걱정을 해야 하는데 전혀 걱정이 되지 않고 즐겁기만 했다. 모처럼 만난 얼굴을 보니 환희심도 일어나고 마음 또한 설레었다. 몇 년만인가. 푸른 산과 들을 바라보는 아름다운 세상이 무어라 더 할 말이 없어 황홀감에 빠져들고 말았다.

맨 먼저 천년고찰 역사가 깊은 수덕사에 들렀다. 고려 충렬왕 34년(1308)에 건립되었다고 한다. 목조건물 중에서 가장 오래되었다는 수덕사 대웅전을 비롯해 건축물을 견문이 넓으신 회장님께서 설명을 자세하게 해 주셨다. 특히 건축을 전공하신 회원의 보충설명은 사찰 건축법에 문외한인 내게 많은 도움이 되었다. 그러나 아쉽게도 선문에서 문우들과 기념사진만 찍고 뒤로 물러섰다.

사찰을 방문하게 되면 제일 좋아하며 찾아가는 곳이 대웅전이었다. 가장 크고 오래된 건물보다도 여러 부처님들이 계셔서 좋았다. 마치 할아버지, 할머니, 어머니, 아버지 같아서 첫인사가 '저 왔습니다' 하고 다니던 곳이었다. 이젠 다리에 문제가 생기는 바람에 인사드리러 갈 수가 없었다. 나와 비슷한 이 선생님, 김 선생님과 입구에 앉아서 사담을 나누며 일행을 기다렸다.

한국의 전통 비빔밥을 맛있게 먹고 난 후, 곧바로 추사 김정희 선생의 고택과 기념관을 방문하였다. 추사 김정희 선생은 1786년 충남 예산군에서 출생한 조선왕조 후기의 대표적인 실학자이며 서예가로 유명하신 분이다. 병조참판과 성균관 대사성에 이르렀는데 당쟁에 휩쓸려 제주도와 함경도 북청에서 10년간 유배생활을 지냈던 분이다. 국보 제180호 세한도(歲寒圖)는 사제의 의리를 지켜준 것에 대한 고마움 세한송에 비유하여 그려준 생애 최고의 명작이라고 한다. 불이선란(不二禪蘭)은 추사 선생은 난초 그림은 파격을 넘어 경지에 다다른 명화였다고 하였다. 그 외 예산 화암사에 걸려있는 현판은 추사 선생께서 제주 귀양살이를 할 때 문중에서 서한을 보내어 중건을 지시한 사실이었다고 한다. '화암사 무량수각'은 귀양 생활 중에도 변화된 글씨와 성정을 볼 수 있다고 하였다. 그 밖에 충남문화재 자료 제382호, 제188호, 제189호, 유형문화재 제45호 등이 있는 추사기념관을 나와 수령 200년인 백송(천연기념물 제106로)을 바라고 보며 다음 목적지로 향했다.(추사 김정희 선생 고택과 기념관 자료 인용)

　충남 한국문인인장박물관(충남문학관)을 향했다. 인장은 BC 5천년 전까지 거슬러 올라간다. 둥근 인장의 몸통에 무늬를 새기거나 또 진흙에 굴려 요철들을 만든 것이 시초가 되었다고 한다. 인장의 제작 기법도 있고 예술적 가치도 포함되어 있다고 한다. 전 세계적으로 나타난 인장을 모아 이재인 교수님께서 혼신을 기울여 만든 곳이 인장박물관이다. 그렇게 희귀한 인장을 수집하여 박물관을 만든다는 것은 엄청난 고뇌와 고통이 뒤따랐을 것이다.

한국문인인장박물관에서는 한국여성문학 100주년 기념비 행사도 치르기도 했다. 그 당시 한국 여성문인들이 많이 참석하였다. 나는 그때 여류 소설가이신 송원희 선생님과 함께 차를 타고 갔었다. 송 선생님께서 함께 타고 갈 후배가 있다고 하여 선물을 준비하였다며 내게 주었다. 예쁘장한 브로치였다. 후배들을 사랑하고 아끼는 마음을 보여 주신 분이라 기억하고 있다. 그런데 송원희 선생님 문학관을 만나보고 깜짝 놀랐다. 아! 어느새 95세 고령이 되셨다니, 이제는 만날 수 없다는 아쉬움이 몰려왔다. 한국여성문학에 대표적인 인물로 길이 남게 해주신 교수님께 또한 감사한 마음도 일어났다. 이 세상 떠나면 없어져 버리는 소중한 보물들을 챙겨서 보관하는 분은 세상에서 보기 드문 분임에 틀림없는 사실이다.

한국의 근대사를 주름잡던 대표적인 문인들의 인장들을 모아 전시하는 이색적인 박물관은 우리나라에서 최초가 되지 않을까 싶다. 천 점이 넘는 인장을 모으기까지 얼마나 큰 고생을 하였을까. 인장의 기원을 현실감 있게 박물관을 만들어 보여 주는 관장님이 위대하게 느껴졌다.

끝으로 비가 200㎜ 이상 내릴 것이라고 하였는데 우리가 다니는 곳마다 비가 한 방울도 내리지 않았다. 회원 모두가 밤새도록 비가 내리지 않게 해 달라고 간절히 빌었을까. 아마도 그 기원이 하늘에 닿은 듯하였다.

『여보게 이 땅에 다시 오려나』를 읽고

　한증막 같은 무더위 속에서 푸른 산을 쳐다본다. 내 영혼을 저 푸른 숲속에 묻어 두었다가 다시 꺼내고 싶다. 자연은 숨통을 탁 트이게 하는 가장 효과 좋은 자연 강장제이다.
　내가 어느새 15년이란 결혼생활을 하고 있다. 그런데 마음 한구석에는 수십 년 산 기분이 든다. 맨주먹으로 삶의 터전을 마련하고자 고생을 두려워하지 않고 살았다. 이만큼 노력했으니 이젠 되지 않을까 하는 생각은 어디 가고 백 년 농사가 내 발등에 앉아 있다. '한 사람의 뛰어난 어머니는 백 사람의 선생보다 낫다.'라는 말씀은 사랑하는 자녀 교육에 지침서가 되고 있다. 가정은 사회를 구성하는데 기본이며 튼튼하게 해야 한다고 배웠다. 엄마란 별을 달고 홀로 양육하며 농장 일까지 하자니 생각보다 수십 배 무겁고 힘이 든다. 모성만이 참된 행복을 만들 것이라 다짐한 내 정신은 나약해지려 한다. 가부장주의에서 벗어나 아이들과 함께 놀아 주며 양육한다면 얼마나 좋을까 싶다.

　어려운 고민에 빠져 있을 때 『여보게 이 땅에 다시 오려나』 책 제목이 가슴에 와 닿았다. 제목이 좋아 읽을 수 있는 동기가 되었다. 이 땅에 내가 다시 온다면 하는 묘한 감정이 몰려왔다. 만약 내가 다시 이 세상에 온다면 이 가정, 이 사람을 생각하자 뇌리에 천둥번개가 친다. 스님께서 어려운 가정 이야기를 솔직하게 털어놓는 것에 용기를 가지게 되었다. 마음을 다스리는 지혜에 큰 관심이 집중되며 읽기 시작했다.

　왜! 스님이 되었을까? 하는 의문점도 풀게 되었으며 훌륭한 종교인으로 느끼게 되었다. 증조할머님 스물셋의 젊은 나이에 청상이 되었고, 할머니는 스물여섯 살 과부이고, 어머니 또한 스물한 살에 과부가 되었단다. 그나마 또 여동생 하나마저 스물네 살에 과부라는 가정에서 듣기도 실은 떼과부 집안에서 머리 깎은 스님이 되셨단다. 스님께서 자라온 환경에 비하면 나는 나무에 붙어 자라고 있는 푸른 이끼 같았다. 먹구름 같은 가정에서 탈선하지 않고 모든 삶을 잘 겪으면서 수행자의 길을 가면서 문학을 되살려, 굳어 버린 우리 여인네들 마음을 사르르 녹여준 글들이 감명 깊었다. 누구를 위해 베풀 줄 아는 스님께서는 정도 눈물도 사랑도 없을 만큼 진리를 깨달은 분인 줄 알았다. 진리 속에 정과 사랑이 있다는 것과 슬기롭게 헤쳐 나가는 지혜와 표현할 줄 아는 글들이 내게 다가왔다. 고모님의 따뜻한 사랑 속에 받은 정을 잊지 못하고 뼈에 사무치게 감사하고 있는 것에 가슴이 찡해 왔다. 인간은 누구에게나 의지할 데를 찾는다. 물질보다 마음의 정을 찾으려고 할 때 부모와 형제들이 넓은 가슴으로 받아줄 때 포근한 안식처가 되는 것이다. 책 줄거리가 우리 생활에 너무나 밀접한 내용이라 머릿속에서 계속 맴돌았다.

내 것이 소중하기에 남의 것도 소중하고 남의 목숨이 고귀하기에 내 목숨 또한 귀하다는 것과 서로 인정하고 서로 믿고 사랑하는 사회가 되자고 하였다. 그리고 심각해지는 3D현상을 냉철히 판단하는 내용이었다. 또 어렵고 힘들지만 참고 견디고 인내하고 위험한 일들 속에 용기를 배우고 더러운 것에서 진실로 깨끗한 것을 발견하며 살아가는 것이 진정한 삶이라고 한다. 마음을 잘 다지며 살아가라고 강조하는 말이 가슴에 남는다. "볶은 깨를 심어놓고 싹 트일 생각 않고 고소한 깨를 거둬들일 생각 하면 우리네 삶은 무슨 의미가 있느냐. 우리나라 다종교 사회에서 종교인들도 넓은 가슴을 지니자."라는 줄거리가 너무나 실감나게 표현한 말이었다.

내 자존심만 주장하고 내 아집만 내세운다면 행복한 가정에 너지 생산은 어렵지 않겠는가. 부정적이며 비관적인 언어로 살아가면 반대로 불행의 에너지만 생기게 될 것이다. 종교적인 일로 가족 분위기를 깨뜨리는 소극적인 자세는 좋은 씨앗을 뿌리기는 어려우리라. 초등학교 다니는 아이들까지 종교적인 이야기로 결정한단다. 우리가 어릴 때는 이 친구 저 친구 아무나 사귀면서 즐겁게 놀았던 아름다운 추억들이 많다. 이것도 세대 차이인가 싶다. 우리 가정에서 얼마나 올바르게 지도해야 할지 중요한 과제라 생각된다. 특히 감명 받았던 내용은 인간의 마음이었다.

　"이 마음 저 마음 이 욕심 저 욕심 다 놓으면 무슨 재미로 사느냐고 묻는 이도 있다. 그러나 놓았을 때 빈 마음속에 창조의 샘물이 설명할 수 없는 기쁨의 감로가 고인다. 삶은 사는 이가 꼭 깨달아야 할 점은 놓고 비운다는 말의 참뜻이다. 놓고 비우는 건 피하고 돌아서는 것이 아니라 모두가 다 끌어안고 받아들인다는 점이다. 슬픔도 미움도 고독도 갈등도 꼭 끌어안았을 때 그것은 녹아져 기쁨과 여유와 용서는 사랑으로 변질되어 진정 선적인 삶으로 변화하게 되는 것이다."라고 했다. 참! 쉬우면서도 어려운 말씀과 고모님의 은혜에 관한 이야기들은 마치 소설 같았다. 고모님이야말로 골고루 베푼 넓은 마음을 후손들은 잊지 않고 있다는 것이 큰 교훈처럼 다가왔다. 고귀한 백목련꽃 같은 분이라 생각되었다.

조그마한 일에도 참지 못하고 버럭 화를 내는 마음은 오만해지는 마음이며 상대에게 거센 파도를 만난 기분을 만들뿐 아니라 마음의 골을 만든다는 것을 알아야 한다. 마음을 잔잔한 파도처럼 유지하며 더불어 미소 짓고 살아가기란 쉽지만은 않지만 내 마음을 다스리는 자세가 중요하리라. 인간의 삶은 고통과 번뇌라고 한다. 특히 상대를 아프게 하는 언어를 함부로 내뱉을 때는 선보다 악이 먼저 생긴다고 한다. 그리고 숱한 번뇌를 만들게 되며 분노 또한 생기게 되어 만병의 근원이 된다고 한다.

결혼하여 제일 힘든 것은 가족에게 받은 상처다. 결혼하여 집을 떠나면 잘 살아가기만을 바라야 한다. 그런데 소유하며 관리하려 들면 큰 오류를 범하는 것이 된다. 그것으로 인해 말을 함부로 하고 부부싸움 부추기며 갈등을 만들며 누구 탓, 이간질과 뒷담화는 좋지 않은 결과를 낳는다. 또한 남편은 내 가정의 골격을 세우기도 전에 선을 넘어오면, 곧바로 통제를 잘해야 한다. 그렇지 못하고 이유 없이 아내 탓만 한다면 상대의 감정은 낙엽처럼 쌓이게 된다. 특히 윗사람이 중추적인 역할을 해주며 약자를 감싸주고 이끌어 주어야 한다. 며느리는 자기 식구가 아니라는 듯 무시하고 아랫사람이라고 명령하며 면박만 일삼는다면 올바른 가정이 될 리 만무하다. 나는 많은 것을 겪게 되었다. 내가 살고자 하는 것이 이런 것이 아닌데…. 하지만, 수십 년 살아온 습성에는 당할 수밖에 없었다. 그리고 이런 환경에 익숙지 않아 마음을 많이 다치며 눈물도 많이 흘렸다.

결혼생활은 인내였다. 가정을 지키며 자식을 키우는 것은 어머니의 역할이 클 뿐 아니라 중요한 문제였다. 세월이 약이라는 말에 위안 삼으며 살아가려 하지만 그것 또한 어렵지만 살아야만 한다. 삶이 너무 힘들 때 이 책을 읽으면서 뭉쳐 있던 감정을 눈 녹이듯이 녹여 본다. 너무 좋은 말씀이다. 미움도 사랑도 마음속에서 싹트게 한다는 내용은 몇 번이고 되새겨 본다.

같은 하늘 아래 살면서 우주는 하나라고 했다. 남편 역시 아내의 깊은 사랑을 알아주었으면 한다. 따뜻한 말 한마디로 고생한다. 고생시켜서 미안하다고 하면 얼마나 좋을까. 아내는 소유하는 것이 아니다. 또 마음대로 부리면 된다는 것은 더더욱 안된다. 끝으로 실낱같은 부부 인연 헛되지 않게 사랑하면서 살아가고 싶다는 의지가 굳게 생긴다.

(1994년 '세계가정의 해' 경기도 주부독후감공모 수상작)

한천마을 이야기

 독쟁이 한천(寒泉)마을은 구전에 위하면 500년 역사를 가지고 현재까지 토착민이 살아가고 있는 뿌리 깊은 마을이다.
 그 역사를 상징하듯 마을 한가운데 큰 느티나무 한 그루가 장엄하게 서 있다.(경기 화성 보호수27호로 지정되었다.) 이 느티나무를 보면 볼수록 우리 마을 안녕을 지켜 주는 할아버지 같아 지날 때마다 눈길이 간다.
 그 역사와 비슷한 샘물 또한 무심한 세월처럼 변함없이 유유히 흐르고 있다. 이곳은 살다 가신 할머니들의 삶이 흘러 내려오는 것만 같다. 그 옛날 물동이로 물을 긷고 빨래를 하며 수다를 떨다 가신 여인네들의 한이 서린 듯하여 나의 전신을 휘감아 돈다. 얼마나 힘들고 고달픈 삶을 살았을까. 이웃이 함께 모여 방망이 두들겨 빨래를 하며 서로의 한을 주고받으며 친구처럼 의지하며 살았을 것이라는 생각이 든다.

독쟁이 한천마을 역사와 유래를 살펴보면 이름도 의미가 깊다. 1529년(중종24년)경 이전으로 추정된다고 한다. 구씨 성을 가진 사람들이 항아리를 구워 그것으로 생계를 유지했다고 한다. 그래서 독찜, 독점, 독쟁이, 독정리에서 도로명 주소 한천 1, 2, 3길로 바뀌었고 이름은 원 독정리(篤亭里) 마을이다. 지금도 밭을 갈다보면 깨진 항아리와 기왓장이 나왔다고 한다. 1914년 일제 때 행정구역으로 개편되면서부터 독정리라고 불리게 되었다. 그래서 그런지 몰라도 토속적인 정취가 흠뻑 묻어나며 살기 좋은 마을이라 자랑스럽다.

요약해서 독쟁이 한천마을의 소지명과 유래를 살펴보면 이렇다. 구체적인 것을 알고 싶으면 우리 마을 홈페이지에 들어가면 자세하게 알 수 있다. 그중에서 일부만 지면으로 밝히고자 한다.

현재 원 독정리이며(독쟁이) 한천마을이다. 소지명과 유래를 살펴보면 63개 지명이 있다. 그 역사의 흔적들은 산업화 속에 인멸되어 가는 민속자료들이다. 고유 지명과 뜻이 깊을 뿐 아니라 아름다운 우리의 순수한 말들이 많다. 이렇게 뜻깊은 고유 명칭과 뜻을 되살려 보존해야만 값어치가 있다고 본다. 생존해 계신 몇몇 분들을 통해 옛 조상들이 사용한 언어들을 되살려 본다.

63개의 지명을 몇 가지만 요약해서 보면 이렇다.

(1)한천: 찬 우물(우물의 역사가 500년 이상 추정하고 있다. 가뭄에도 물이 줄지 않고 흘러넘치고 여름에는 차고 겨울에는 따뜻하여 동네 유일한 빨래터였다고 함)

(2)아람 말: 아랫말(아래쪽마을)

(3)대기동: 큰말(집이 많은 곳)

(4)간 덴 말: 간다 말(가운데 중심)

(5)새터말: 사타말(새터를 잡아 살았다는 말)

(6)문어귀: 문헉(마을로 들어오는 입구)

(7)광고판: 광구판(한양가는 길이라 방을 써 붙여 알리는 곳)

(8)고려장골: 고리장굴(고려시대 부모 생매장하던 곳이며 지금도 흔적이 남아 있다고 함)

(9)언덕능: 능머루(수성 최씨 한풍군 한남군 집의 공의 묘소가 있는 산)

(10)한 미곡: 할미골(초여름에 북쪽에서부터 은하수가 처음 뜨기 시작하는 곳을 말함)

(11)복곡: 복골(뒷산, 많은 새들이 이곳에서 둥지를 틀고 번식을 많이 했다는 뜻)

(12)마장 골: 말무덤(말이 죽으면 이곳에다 묻었다는 뜻)

(13)활터 굴: 하타 굴(선비들이 여가로 활을 많이 쏘는 위치와 수성 최씨 종손 13대가 사신 곳이며 한남군과 한풍 군이 300년 전 사시던 곳)

(14) 한양 골: 하낙 골(한양가는 길이 이곳 밖에 없어서 인조 임금이 이곳에 오셔서 국고 개라고 했다고도 함)

(15) 복음 말: 볶음 말 (실제로 복음 말이란 뜻인데, 조상의 예언처럼 실제로 1947년에 교회가 생겨났다고 함)

(16) 불당굴: 붓 당굴(불상을 모신 당집이 있었다는 뜻)

이 밖에 밝혀 주고 싶은 것이 너무 많으나 원 독정리 지명과 유래를 알리는 만큼 남다른 의미가 크다. 선조들은 얼마나 아름답고 의미가 깊은 우리말을 사용하고 살았는지를 사뭇 공경하며 엄숙해진다.

우리 마을은 살기 좋은 마을이며 땅이 비옥하며 천혜의 조건을 갖추고 사는 전형적인 마을이었다. 그러나 산업화가 되면서 동네를 가운데 두고 동그라미 그리듯이 공업단지가 생겨나고 있다. 그래도 우리 마을 사람들은 마음속에서 우러나오는 따뜻한 사랑과 정으로 가득 찬 인간의 미덕을 갖추고 사는 마을이며 장수 마을로도 불리고 있다. 마을회관 옆에 보건소를 유치하여 마을 어르신들은 보다 나은 의료혜택을 받고 있다.

특히 부녀회원들의 심성은 최고이다. 어려움이 생기면 내 가족처럼 챙겨주는 인간관계가 자랑스러울 뿐이다. 산업화가 급속도로 마을 주위에 생겨나지만 그러건 말건 우리 주민들은 꽃을 심으며 심신을 달래며 노후를 즐기며 산다.

또 이웃 간에 꽃으로 교류하며 노후의 인생을 꽃과 함께 찬란하게 피우며 살아가는 꽃동네 한천마을이다. 또 전문가 못지않게 꽃과 다양한 다육 식물을 가꾸며 멋진 인생을 사는 주민 아지트도 있다. 한 번쯤은 구경도 하고 차도 한잔 마시면서, 그분의 솜씨에 절로 감탄을 자아내게 할 수 있는 곳이다.

(2022년 화성문화원 문화의 뜰 발표)

색동옷 입고 앉아
- 성공 사례 "하면 된다."

1. 머리말

산야를 뒤덮은 푸른 초목들이 이글대는 태양과 단비 속에 꿋꿋하게 버티는가 싶더니 북녘의 찬바람에 소리 없이 색동옷으로 갈아입는 것을 보면서 세월의 덧없음을 새삼 느낍니다.

저는 아름다운 풍경과 자연 속에 자리 잡은 장명초등(국민)학교 새마을 어머니회 회장직을 3년간 맡아 오면서 '어머니의 무릎은 학교요, 어머니의 가슴은 교실이요, 어머니의 얼굴은 선생님이요, 어머니의 입은 교과서'라는 교훈을 항상 가슴속 깊이 새기면서 어머니의 따뜻한 사랑이 무엇이고, 어머니의 역할이 위대하다는 것을 실천하려고 노력하였습니다. 또한 교육이 학교의 책임만이 아니고 가정과 사회의 관심과 부모님의 깊은 사랑이 있어야만 자녀들을 올바르게 성장시킬 수 있다고 믿고 열심히 노력하고자 하였습니다.

그리고 교육장님의 의미 깊은 강의가 가슴에 와닿았습니다. '여자는 약하나 어머니는 강하다'는 말씀을 되새기면서 가정과 학교와 사회를 위해 무엇인가를 할 수 있도록 뚜렷한 항로를 위해서는 교육이 중요하다고 하셨습니다. 또 자녀 교육 연수와 강의 시 딱딱한 의자에서 허리 아픔과 졸음을 쫓게 하려고 열변으로 강의해 주신 학무과장님의 말씀은 진정성을 가진 말씀이라 귀에 쏙 들어왔습니다.

화성시(군) 어머니협의회 활동을 통해 많은 것을 배우고 실천하면서 제 나름대로 소규모인 오지 학교에서 3년간 실천해 온 내용을 순서 없이 소개하고자 합니다.

2. 실천 사례
(1) 지역의 여건

우리 학교는 벽지학교로 있다가 1989년 9월 1일 자로 벽지가 해제되었으며 장일 분교만이 벽지학교로 남았습니다. 학급 수는 12학급(본교 8, 분교4) 학생 수는 본교 257명 분교 68(계 325명)으로 편성된 아주 작은 규모의 학교입니다. 학부모의 실태를 보면 대부분이 농업에 종사하고 있으며 가계의 수입도 농산물에 의존하는 실정입니다. 그러나 얼마 전부터 공장이 하나 둘씩 생겨서 학부모 중 공장에 취업하는 사람이 늘게 되었습니다. 어머니들이 취업하게 되면서부터 어머니회 운영에 참여하는 수가 점점 줄어들게 되었습니다.

(2) 어머니회 활성화 추진

어떤 단체나 모임에는 사람이 모여야 조직이 이루어지며 사업을 추진할 수 있는데 위와 같은 여건 속에서 어머니회를 조직하는데 많은 애로가 있었습니다. 무관심과 부정적 시각이 가장 큰 장애요인이 된 것은 두말할 필요도 없었습니다. 우선 어머니회의 조직과 활성화를 위하여 다음의 세 가지 목표를 세워서 추진하였습니다.

1) 아동이 공부를 잘하든 못하든, 모든 어머니가 회원이 되도록 하자.

2) 우리 학교 나름대로 지역 실정에 맞는 어머니회를 운영하자.

3) 교육청, 시(군) 협의회 자녀 교육 연수회 등에 빠짐없이 참석하여 자료, 교양, 정보 등을 수집해서 전달하며 공유하는데 노력을 다하자.

(3) 보람찬 어머니회 운영

위의 목표를 실천하기 위하여 먼저 어머니들에게 유익한 교양 및 교육정보 제공을 통해 어머니회의 목적에 대한 인식을 전환하고자 했습니다. 그 결과 어머니들은 새로운 정보를 기다리며 자발적으로 어머니회 참여하게 되었습니다. 그렇게 어머니회의 운영 계획과 예산 관계 등을 진지하게 토의하고 운영에 직접 참여토록 하였습니다. 월례회 공문은 희망에 넘치는 문서와 함께 어머니회의 참뜻을 타이핑하여 보내드렸습니다.

지역적으로 낙후되고 경제적으로 힘들며 문화적 결핍 상태에 있는 환경이지만 자녀들을 성장시키는데 어머니의 노력을 보여주며 조그마한 도움을 주고자 했습니다. 티 없이 맑고 씩씩하고 순수하기 그지없는 우리 아이들에게 꿈과 희망을 주고 소질과 재능을 마음껏 펼칠 수 있게 하자고 호소하였던 것입니다. 어머니회는 학교 교육 발전에 뒷받침하고자 모인 단체임을 부각하기 위해 다음과 같은 사업을 추진하였습니다.

① 어린이 합창단 단복을 마련해 주자.

교육청에서 매년 실시하던 지구별 예능 발표 대회에 참가하던 우리 어린이들은 각양각색의 복장을 하고 합주대회에 참가하는 모습이 너무 안타까웠습니다. 시내 아이들과 차별이 나기도 할 뿐 아니라 기를 죽이는 대회 같았습니다. 어머니들의 작은 정성이 모여 60명 합주부 단복을 마련하였습니다. 어린이 합창단 격식을 갖추고 출전하는 모습을 보고 너무 예뻐서 가슴이 뭉클하였습니다.

② 소년, 소녀 가장 돕기 사업을 하자.

매년 어린이날을 맞이하여 분교에서 실시하던 애향단 체육대회에 매년 12명씩 3년간 학용품을 전달하며 학습 의욕과 사기를 북돋워주었습니다. 3명의 소년, 소녀 가장에게는 쌀 1가마니씩을 전달하였습니다. 5월 5일 어린이날을 맞아 우리 집 농장에서 어린이 100여 명 초청하여 꿈나무 위문 잔치를 베풀었습니다. 소년, 소녀 가장, 반장, 부반장 외 오고 싶은 어린이를 모두 초청하였습니다. 딸기, 치킨 밥은 물론이고 선물까지 전달했습니다. 시(군) 내무과장님께서 리코더 선물을 보내왔습니다. 장안면 한국어린이육영회 회원께서 적극적으로 봉사를 해주었습니다. 그리고 1989년 6월에 불의의 화재로 집이 전소된 집을 방문하여 위로금과 물품을 전달하여 힘과 용기를 주었습니다.

③ 초청 강의를 통하여 어머니들의 교양을 높이는데 목적을 두자.

모임이 결성되고 조직이 이루어지면 으레 관광 여행을 가자는 소리가 나옵니다. 그러나 어머니회는 관광 목적이 아니라는 것을 분명하게 말씀드렸습니다. 자녀 교육을 뒷받침하고, 자녀들을 가정에서 지도하는데 도움이 되는 정보와 교육을 받아 실천하자고 설득하였습니다. 그리하여 1990년 12월 12일 농촌 일손이 한가한 틈을 이용하여 초청 강의를 듣게 되었습니다. 강사 초빙은 전 화성시(군) 어머니회 협의회 오정자 회장님 초청하여 자녀 교육에 대한 명강의를 듣게 되었습니다.

오지까지 찾아와 어머니회에 대한 진지한 설명과 자녀 교육, 어머니의 사회활동 등 당면 문제의 강의 내용에 모두 감명받았습니다. 91년 겨울방학 때 무엇무엇에 대한 강의를 듣고 싶다는 요청을 해오기도 하였습니다. 가장 인상 깊었던 일은 많은 어머니 회원들이 참석하여 진지한 태도로 강의를 경청해 주었습니다.

④ 교실마다 교육용 텔레비전을 설치하자.

3년 동안 가장 큰 보람이 있는 일이었습니다. 어머니회에서 설치하자면 1년에 3대씩 마련한다고 하여도 4년이란 긴 세월이 흘러야만 했습니다. 동시에 설치해 주자는 목적을 위해 허리띠를 졸라매고 각고의 노력으로 필요한 사업을 추진하기로 하였습니다.

본인의 임기 동안에 이루고 싶은 욕심 때문에 1년 동안 노심초사한 끝에 총동창회 이풍 회장님께 부탁을 드려 보자고 하였습니다. 몇 번이고 전화기를 들었다 놓곤 하기를 되풀이한 끝에 용기를 내어 모든 사정의 말씀을 드렸습니다. 그러나 너무나 뜻밖에도 회장님께서 한 번에 아낌없는 격려와 후원으로 전 학년 교실에 텔레비전 설치하는데 도움을 주겠다고 하였습니다. 소요 대수 12대 중 총동창회에서 6대, 졸업생 학부모에서 2대, 어머니회에서 4대를 마련하여 91년 6월에 전 교실에 설치 완료하여 명실상부한 시청각 교육을 받을 수 있게 되었습니다. 스스로 문제를 찾아 노력한다면 안 되는 일이 없다는 뜻 깊은 교훈을 받았습니다. 농촌 벽지학교에서도 낙후되지 않는 시청각 교육을 받으면서 큰 꿈을 갖고 씩씩하게 그리고 훌륭하게 자랄 것이라 기대가 되었습니다. 나아가서 나라의 큰 일꾼이 될 것이라는 감회에 빠지게 되다 보니 덩달아 가슴이 뿌듯함을 느꼈습니다.

　총동창회 회장님께서 선뜻 협조해 주신 뜻이 너무나 감사하여 편지를 썼습니다. 그랬더니 요즈음 보기 드문 아름다운 마음을 담은 편지 내용이라며 칭찬을 많이 해주었습니다. 그것도 부족하여 각 총동문과 함께 읽고, 모교 발전에 도움을 주는 총동창회가 되자고 하였다니 감개무량하기 그지없었습니다. 6·

25동란 중에 어렵게 공부하던 옛 모교 시절을 회상하면서 후배들에게 조금이나마 떳떳한 선배가 되자고 하였답니다. 제가 보낸 편지를 모두에게 돌려가며 읽으면서 눈시울을 뜨겁게 했다는 소식까지 전해주었습니다. 감사의 편지 한 장이 총동창회 동문 마음까지 함께할 뿐 아니라 단체의 활력소가 된 것에 너무 기쁘고, 감사하여 당시 편지 내용을 소개하고자 합니다.

존경하는 총동창회 회장님께

초여름 무더운 날씨에 모두 편안하오며 하시는 사업이 번창하시길 먼저 기원합니다.

저희 새마을 어머니회에서 추진한 학교 교육용 텔레비전 설치에 적극적으로 협조해 주셔서 너무 감사하여 무어라고 인사를 올려야 할지 모르겠습니다.

다만 저희는 내 사랑하는 자녀들이 아름다운 풍경과 어려운 환경 속에서 티 없이 맑고, 씩씩하게 자라는 장명 어린이들을 바라보노라면 무엇이든지 힘이 닿는 한 뒷받침해 주고 싶은 마음이었습니다. 시골 벽지학교라고 가만히 있어야만 하는지 안타까운 마음에서 이 일을 시작하였던 것입니다. 사실 어렵게 1년을 두고 생각한 끝에 의논을 드린 것이었는데 훌륭하신 회장님께서 적극적인 협조와 좋은 말씀 전해주신 마음과 관심에 깊은 감사를 드립니다. 후배들을 사랑하는 마음은 깊은 우물보다 깊다는 것을 알고 우리 어머니회는 자신감과 용기가 생겼습니다.

이젠 어느 곳, 어디에서라도 훌륭한 선배님들이 계신다는 것에 기죽지 않고 떳떳하게 말할 수 있어 더욱 감개무량합니다.

우리 아이들은 앞으로 더욱더 꿈과 희망과 용기를 갖고 저 높고 푸른 하늘을 마음껏 날아 큰 꿈을 마음껏 펼칠 것입니다. 또한 내 고장, 내 이웃, 내 부모님, 선배님을 공경하는 마음도 절대 잊지 않을 것입니다. 어두운 밤에 항로를 이끌어주는 항구의 등대처럼 후배들을 위하여 회장님의 좋은 말씀과 따스한 손길 변함없이 보살펴 주시기를 바랍니다.

끝으로 가내 행복과 건강과 사랑이 충만하시기를 두 손 모아 기원합니다.

안녕히 계십시오.

1991년 6월 19일
장명초등(국민)학교 어머니회장 정인자 올림.

3. 맺음말

'빗방울이 모여서 바다를 이룬다.'라는 옛 속담과 같이 비록 연약하고 조그마한 우리 어머니들이 뭉치면 큰일을 할 수 있었다는 자부심을 느낍니다. 또 학교 앞 뜰에 독서하는 소녀상은 어머니회 임원님들이 모여 세웠습니다. 총동문회장님의 지대한 관심으로 졸업생 기수별로 후배들 졸업식 때 장학금을 매년 보내 주기로 하였답니다. 부족함이 많은 저에게 협조와 격려를 해주신 것도 부족하여 수원 상공회의소에서 총동문회 이름으로 감사패까지 주었습니다.

쑥스러운 이 글을 쓰기까지 적극적인 용기와 교육을 해주신

시(군) 협의회장님, 교육장님께도 감사드립니다. 특히 벽지학교임에도 불구하고 직접 찾아오셔서 아낌없는 강의를 해주신 장학사님 고맙습니다. 끝까지 회장을 믿고 함께하며 자녀 교육 뒷받침을 위해 헌신해 주신 어머니회 회원님 노고도 잊을 수 없습니다.

(1992. 화성 오산학교 새마을어머니회 문집 발간 수상작)

갯가에 핀 옥홍

　어느 해 여름밤이었다. 서해 궁평항 유원지에 친목 모임이 있어 나갔다. 그곳에선 마침 어린이들이 모여 재미나게 놀고 있었다. 유치원에서 단체로 가족과 함께 온 듯했다. 무대 앞에서 나비처럼 율동하는 날렵한 선생님과 어린이들. 그 흥겹게 즐기는 곳에로 내 발길이 먼저 닿았다. 아빠, 엄마 응원과 선생님의 가르침에 따라 춤추는 아이들 모습은 보는 이로 하여금 유쾌하게 느끼지 않을 수 없게 만들었다. 하늘의 별도 아름답다고 하지만, 불빛에 반사되어 춤추는 아이들 모습은 마치 빛이 고운 옥홍을 보는 듯했다. 나는 한참 동안 넋을 잃고 바라보았다.
　해풍을 막아주는 곰솔 사이로 불어오는 바닷바람은 참 시원했다. 바닷바람이 온몸을 상쾌하게 감싸주자, 나는 그만 천진

난만한 아이들 춤추는 모습에 마음을 푹 담그고 말았다. 그러다가 문득 숨겨 두었던 추억이 떠올랐다. 옥 같은 남해는 밤이 되면 시거리들이 바닷물에 반짝거렸다. 바다가 내려다보이는 곳에 외가댁이 있었다. 내가 외할머니 손에서 많이 커났던 곳이다. 첫 손주라며 한없이 품고 품어 주던 따뜻한 가슴, 손맛, 치마폭 사랑은 내 마음속에 지금도 옥홍으로 남아있다.

외할머니는 반찬거리를 마련하기 위해 이웃사촌과 바닷가에 자주 내려갔다. 그럴 때마다 나는 깡충거리며 뒤따라갔다. 그곳에는 바윗돌이 늘비하게 펴져 있어 고둥, 톳, 파래, 미역 등이 바닷물과 살 부비며 자라고 있었다. 뭍으로 밀려온 조개껍데기와 잔작돌들은 모두 내 장난감이었다. 그것을 주워 모아 여기저기 조개무덤 만들며 노느라 정신을 빼앗기곤 했다. 그 와중에도 외할머니가 어디에서 채취하고 있나 간간이 살폈다.

하루는 그만 놀이에 빠지다 보니 외할머니 동향을 확인하지 못했다. 갑자기 생각이 나서 주위를 둘러봐도 외할머니 모습은 보이지 않았다. 함께 간 이웃 사람들만 눈에 보일 뿐이었다. 깜짝 놀라서 소리쳐 불렀다. 아무리 주위를 둘러보며 애타게 불러도 바위에 부딪히는 파도 소리만이 더욱 크게 들려왔다.

문득 생각이 떠올라 바다를 향해 살금살금 걸어가서 신고 간 신발을 벗어 바위에다 문질러 보았다. 아니나 다를까, 각종 해

초로 인해 미끌미끌했다. 밀려오는 파도가 철썩하는 바람에 도망쳐 나왔다.

혹시 외할머니가 전복을 잡다가 바위에 미끄러져 바다에 빠지지 않았을까? 하는 턱없는 여린 감성이 앞서고 말았다. 그 생각이 깊어지자, 정말인 것 같아 큰소리로 울기 시작했다. 우는 소리를 듣고 이웃 사람들이 모여들었다. 미끄러운 바위를 가리키며 내 생각을 다급하게 이야기하였다. 동네 사람은 너무나 황당무계하였는지 나를 아무 말 없이 쳐다보고만 있었다. 그렇게 울고불고 난리가 났을 때, 저 건너 바위 등마루 위에서 "아가~ 아가~ 왜 우느냐?" 하며 나를 불렀다. 늘 피륙으로 만든 옷을 입고 사는 외할머니가 학처럼 나타났다. 바위틈으로 들어온 오징어 한 마리 잡으려고 시간과 사투를 벌였다고 했다.

그날의 소문은 온 동네에 퍼지고 말았다. 나는 한동안 부끄러워 집 밖을 나가지도 못했었다. 수십 년이 지난 지금도 다시는 돌아오지 못할 회한에 잠겨 그리움을 곱씹는다. 아이들 성격은 4~7살 때 결정적으로 대부분 형성된다고 한다. 내가 직장생활 할 때도 말없이 찾아와 꼬깃꼬깃 쌈짓돈을 손에 쥐어준 외할머니가 내 성격 형성에 많은 도움을 주었다.

외할머니는 이른 아침에 일어나면 맨 먼저 정갈한 몸가짐부터 갖추었다. 그리고 나에게 밥상머리 교육뿐 아니라 지혜와 용기를 갖고 성실하게 살아가게끔 한 원초적인 교육자역할도 서슴지 않았다.

우리 집과 외가댁은 60리 거리를 두고 살았다. 바닷가로 난 신작로를 외할머니와 함께 걸어 다녔다. 간혹 썰물이 난 바다를 가로질러 걸어갈 때가 제일 신났다. 바다가 만들어 놓은 모래 점토질 밭을 걸어갈 때, 무리 지어 앉아 있는 바닷새들을 쫓곤 했던 자연의 경치를 어찌 잊으랴. 그 기억은 내 머릿속에 보관된 명화 같기만 하다.

옛말에 살아 있는 사람을 죽었다고 하면 오래 산다고 하더니만, 내 가슴속 깊이 박힌 진주 같은 외할머니는 99세에 세상을 등지셨다. 자애로웠던 외할머니 은혜는 평생을 두고 잊을 수 없는 나의 화신(얼굴)이다.

*옥홍: 빛이 고운 무지개
*시거리: 플랑크톤

갯벌 밭

바닷가를 지나다 간조 된 갯벌을 보면 향수에 젖는다. 수십 년이 지났음에도 들어가 보고 싶은 충동은 사그라지지 않고 있다. 간만의 거리를 잴 수 없듯 돌이켜보면 내가 걸어온 길도 만만치 않지만 말이다. 이제는 갯벌에 들어가면 뭐든지 잡아서 나올 것만 같다.

나는 초등학교 고학년 때부터 중학교 2학년까지 친구들과 자주 갯벌에 드나들었다. 그 시절 조수 간만의 차이가 클 때는 일곱 물, 또는 여덟 물때가 되면 먼 바다까지 물이 빠졌다. 그러면 갯것들 잡을 시간도 많을 뿐 아니라 수확도 넉넉했다. 6킬로나 되는 바다를 향해 출발하기에 앞서 우리는 대바구니에 삶은 고구마 두세 개씩 담아 가지고 집을 나서곤 했다.

넓은 들판에 푸른 보리와 밀밭이 넘실대는 그 계절은 나에게 큰 용기를 북돋워주었다. 보리가 자라는 논 가운데로 난 길을 따라 걷다 보면 논게 무리가 길바닥에서 놀고 있었다. 게는 맨 끝부분에 난 집게발이 클 뿐 아니라 그걸 치켜들고 나 잡아 보라는 듯 놀았다. 장난삼아 잡아 보겠다고 손발을 내밀면 그놈들은 옆걸음으로 잽싸게 도망가곤 했다. 그 재미있는 모습은 늘 웃음거리이기도 했다. 집게발 때문이었지만 나는 게를 덥석 잡지 못했다. 다만 겁만 주며 노닥거려야 했다.

제방(둑)에 제비 새끼처럼 줄지어 앉아 우리는 가져간 고구마로 요기하고 물이 빠지기를 기다렸다. 그러다 누군가 '물 빠졌다.' 외치면 둑 중턱까지 차올랐던 물은 순식간에 빠지고 갯벌밭은 곧바로 거멓게 드러났다. 신발을 벗어 보자기에 돌돌 말아 싸서 허리춤에 매고 우리는 바짓가랑이를 최대한 올리고 갯벌로 들어갔다. 아직 다 빠지지 않는 바닷물을 자근자근 밟으며 참꼬막, 다리조개를 잡았다.

참꼬막과 다리조개는 숨구멍이 있다. 바닷물이 약간 남아 있을 때 숨 쉬는 모습이 보여 잡는 재미가 쏠쏠했다. 다리조개는 개펄에 깊숙이 들어가 있어 신중하게 잡아 올려야 했다. 그냥 잡으면 다리가 뚝 떨어져 버린다. 조심스럽게 뽑아 올린 다리는 뚝 따서 바닷물에 헹구어 먹으면 오돌오돌 씹히는 맛이 좋았다. 그러다 보면 조개만 남고, 다리는 없다. 그 시절 조개는 된장국에 넣어 끓여 먹고, 다리는 초무침을 해서 먹곤 했다.

뭐니뭐니해도 참꼬막 잡기가 제일 재미있었다. 성숙한 언니들은 쏙 잡기에 열중했다. 나는 쏙 잡는 데에는 자신이 없었다. 갯벌을 발로 문지르다 보면 올록볼록 단단한 곳이 있다. 그곳을 집중적으로 파헤쳐 동그라미를 그리며 둑을 쌓는다. 쏙 서식지에 된장을 풀어 놓고 기다리면 칼날 같은 두 다리가 쏙 올라온다. 신호도 보내지 않고 조용히 숨어있는 곳에서는 머리카락으로 만든 붓을 이용해 꼬드긴다. 그리곤 잽싸게 낚아 올려야 몸 전체를 잡을 수가 있다. 쏙 올라왔다가 쑥 내려가 버리면 두 번은 올라오지 않는 까다로운 녀석이었다. 나는 몇 번 도전했다가 손가락만 다쳤다. 그리고 올라올 때 섣불리 굴면 다리만 주고 도망을 가버린다. 나는 동시다발적으로 쏙들이 올라오면 칼날 같은 다리에 눈 맞춤 하다가 놓치는 일이 허다했다. 재빠른 순발력과 요령이 필수인데 먼저 겁부터 먹으니 될 리 만무했다. 어쩌다가 한 마리라도 잡을라치면 곤태만태로 만들어 버렸다.

바닷물 따라가다가 물이 다 빠지면 손으로 갯벌을 휘저으면서 여러 가지를 채취했다. 피꼬막을 잡을 때는 횡재한 기분이었다. 개펄에서 열중하다 보면 시간 가는 줄 모르게 된다. 또 누군가 '물 들어온다.' 외치면 일제히 종아리까지 빠진 갯벌에서 나와 민물과 바닷물이 드나드는 갯골로 들어선다. 갯골 물에서 우리는 잡은 꼬막과 온몸에 묻은 갯벌을 씻었다. 모래 점토질로 단단하게 되어 있는 갯골을 걸을 때는 바구니에 담긴 꼬막이 무거운 줄도 몰랐다.

해산물과 수산물 자원이 노력만 하면 참으로 넉넉했던 시절이었다. 간혹 밀물일 때 바람이 거세게 불면 갑오징어 잔 갈치 등이 따라 들어올 때도 있었다. 부모님은 그것들을 잡아다가 바지랑대에 대롱대롱 매달아 말려서 먹기도 했다. 그 풍족했던 자원은 어느 순간 이름조차 없어진 것들이 많다.

다행히 꼬막만은 순천만에서 자라고 있다. 잘 보전되길 바라는 마음으로 꼬막 먹으러 찾아간다. 우리나라 갯벌 밭에서 나는 것은 최고의 감칠맛이 난다. 오늘도 서해 갯벌에 마음만 담가보고 집으로 향하는데 차 안에는 갯내만 가득하다.

그때 그 시절

 그 시절을 새까맣게 잊고 살아가고 있었다. 아주 소중한 물건처럼 꼭 묶인 보따리가 드레스룸 깊숙한 곳에서 서너 개나 발견되었다. 아이들 학창 시절 때 활동하던 잡동사니들이었다. 내가 봉해놓고도 설레는 마음으로 풀었다. 쿰쿰한 냄새가 코끝에 먼저 와 닿는다. 마음은 꼬리연이 날아가듯 아득한 세월 속으로 날아가자, 겹겹이 쌓인 흔적들이 나온다. 이제는 털어버리고 살아가야 하는데 뭐가 아쉬움이 있다고 버리지 못하고 있었을까 싶다.
 이것저것을 뒤적거리는데 작은딸 고교 시절 원대한 포부를 가졌던 연설문이 나왔다. 세월의 흐름을 계산하니 25년 전 일이다. 그 세월이 무성영화처럼 등장하였다. 나는 모닥불 피우듯 도시로 오가며 교육했다. 자녀들 가슴을 따뜻하게 데워주며 나름대로 교육에 열과 성의를 다했었다. 세 아이가 엄마를 찾으면 불원천리(不遠千里) 달려가는 햇수도 수없이 많았다. 어린 나이에 도시로 내보내놓곤 내 심장은 늘 콩닥거렸다. 시외, 시내버스를 3번씩 갈아타다가 급하면 택시를 이용하며 다녔으니 자식에 대한 사랑과 책임에는 아낌없던 시절이었다.

그때 그 시절의 잔 감정이 남아 있는 듯하다. 그 시절에는 초저녁잠이 많은 나는 늘 막차를 타고 다녔다. 그러니 힘이 들어 죽을 맛이 났지만, 늠름한 아이들이 반겨주는 웃음 속에 지친 피로는 저절로 풀렸다. 유난히 작은딸은 열성적이며 꿈이 달랐다. 또 엄마를 학교 간부를 맡아서 일해 달라고 권유했다. 태산 같은 희망을 품고 학부모회 총무와 회장까지 맡게 되었다.

그 추억이 깊은 고교 시절 연설문 단면을 읽어 본다.

　　황홀하기 그지없는 오늘입니다. 카메라 렌즈 앞에 선 나를 물안개가 나지막이 드리워지며 감싸주는 것 같습니다. 여러분 앞에 영롱한 자태를 소리 없이 피우며 똑똑한 지도자가 되고자 합니다. 학문과 지식, 인격이 철철 넘치는 효원의 전당에서 깨끗한 정신을 가지고 봉사하고자 이 자리에 섰습니다.
　　안녕하십니까?
　　부회장 후보 기호 1번입니다. 사랑하는 저희 아버지께서 지어 주신 최연입니다. 처음에는 제가 부회장 선거에 출마했다는 사실이 믿기지 않았는데 이 자리에 선 지금에야 비로소 실감이 납니다. 물론 이 자리에 서고자 미리 전부터 꿈꾸어 왔다고 고백합니다. 아니 어머니 배 속에서부터 꿈꾸어 왔는지 모릅니다.

　존경하는 효원고등학교 선배님, 그리고 학우 여러분!

　정열이 넘치는 교정에서 저마다 아름다운 인생을 살아가려 학문을 추구하고자 불태우고 있지 않습니까? 그렇지만 밑바탕에는 보이지 않는 사랑과 정성으로 뭉쳐진 모습이 소리 없이 흐르고 있다는 것을 느끼지 않습니까?

　저는 그 맥을 이어가는 지도자가 되고자 합니다. 오직 정직과 봉사하는 마음으로 최선을 다해 효원고등학교 이름을 더욱 빛나게 할 것입니다.

　비록 1학년이라는 철부지 같은 이름이지만 저는 무슨 일이든지 할 수 있는 용기를 가진 기호 1번 최연입니다. 물론 선배님을 공경하고 모르는 것이 있으면 선배님께 자문하는 아주 똑똑한 후배인 것을 확실히 보여 드리겠습니다. 용기와 정직과 신념으로 뭉쳐진 기호 1번 최연을 부회장으로 뽑아 주실 거라 믿고 새로운 천년을 맞이하는 나의 각오를 발표하고 물러나고자 합니다.

　새천년을 향한 나의 각오
　나는 나의 능력을 믿는다.
　나는 최고의 능력을 발휘하겠다.
　나는 창의적인 노력을 위해 앞장서겠다.
　감사합니다.

대학을 중어중문어학과에 입학하였다. 성적이 우수한 관계로 중국 청도 해양대학 교환학생으로 2회에 걸쳐 다녀왔다. 그러다 보니 나 역시 중국을 자주 드나들게 되었으며 비행기값을 아끼고자 중국 항공을 많이 이용했다. 온갖 반찬을 만들어 가다가 화물 초과에 걸려 공항에서 재포장으로 비지땀을 흘리기도 했다. 또 갖가지 밑반찬이 많아 중국 공안에 걸려 모든 짐을 풀어헤쳐 검사받기도 했었다. 자식을 위한 길이라면 무서움도 없었으며 함께 공부하며 성장했던 그때 그 시절이었다.

지금은 3개 국어에 능통할 뿐 아니라 두 아이의 엄마가 되어 캐나다에서 살고 있다. 문화차이가 많은 나라이다. 살아갈수록 두드러지는 문화극복에 지혜를 발휘하며 잘 살아가기를 바랄 뿐이다. 특히 엄마는 가정의 태양처럼 나보다 더 뜨거운 정성과 에너지로 손주를 잘 키우며, 새천년의 각오처럼 행복한 가정 꾸리기를.

마지막 모습

  한겨울같이 바람이 매서운 날 야생 고양이가 떠났다. 11년의 긴 세월이다. 야생으로 살기 힘들 때마다 찾아와 밥 달라는 행동을 했다. 어떤 때는 심한 눈병을 앓아 눈이 퉁퉁 부어서 왔다. 가끔 영역싸움에 패배했는지 상처투성이가 되어 안타까운 몰골을 하고 나타나기도 했다. 사람이나 짐승이나 세포가 건강해야 되살아나는 법이다. 내가 해줄 수 있는 것은 먹이 주는 역할밖에 할 수 없었다. 항상 몇 센티 거리를 두고 상봉했다.
  계란 반숙을 해서 주거나 생선을 구워주면 세포가 재생되어 기력을 찾는 모습이 눈에 띄었다. 몇 년 전부터는 세포가 재생되지 않는 모습이었다. 조만간 수명을 다할 것을 느끼게 했지만 2년을 그런 모습으로 내게 와서 밥을 달라고 했다. 올 때마다 계란을 반숙해서 주었더니 잘 먹었다. 언젠가 내게 찾아오지 않겠다는 모습이 역력해진다. 최선을 다해주며 미련 없다는 것을 나 스스로 위안을 받고자 노력했다.

지난겨울이었다. 12월이 되자 영하 11~15도를 맴도는 강추위가 몰아쳤다. 늙어서 뼈만 앙상하고 털까지 세월을 증명하듯 기름기 없는 모습으로 바뀌어 갔다. 오늘내일하면서 기다려 보았다. 모처럼 날씨가 12월 본연의 모습을 보여 주던 오후였다. 야생 고양이가 창고 앞에 웅크리고 앉아 있는 모습이 포착되었다. 아니 부엌문 쪽으로 오지 않고 왜 저렇게 하고 있나 싶어 다가가 보았다. 그는 실낱같은 미동 속에 이지러진 얼굴로 바라본다. 급하게 계란 반숙을 만들어 턱 밑에 놓았는데 요지부동이다. 아무리 먹어야 산다고 해도 실눈만 하고 있다. 스티로폼 박스를 구해서 집을 만들어 주며 거기에다 밥을 넣어 놓고 돌아왔다.

다음날 내가 만들어 놓은 집 속을 확인하자 허무감이 밀려오며 마음 또한 삭아 들었다. 그 후 그는 나타나지 않았다. 하필 겨울 연풍이 부는 날 생을 마감하였을까. 야생이지만 그동안 대접받은 것을 잊지 않고 먼발치에서라도 마지막 인사를 하고자 간신히 찾아왔던 것인가. 강산일변 탓인지 나는 봄까지 기다리며 간혹 지어준 이름을 불러 보았다. 그 자취조차 찾아볼 길 없고 연민의 정 지우려는 듯 봄바람만 불고 있다.

아버지 생각

　들판의 모들이 어느 겨를에 땅심을 받아 파릇파릇하게 자라 포기가 제법 통통하다. 자매가 없다 보니 나이가 들수록 속마음을 기댈 곳은 오로지 자연밖에 없다. 인생의 2막이 되자 아이들 모두 떠나고 곰삭은 부부로 남았다. 어쩌다 외로움이 찾아올 때 자연에 파묻히다 보면 위로가 된다.
　이른 아침부터 안개오줌을 맞으며 들로 나섰다. 벼들에게는 안개오줌이 보약 같으리라. 푸른 들판 속을 걷노라면 시골의 정취뿐 아니라 바라보는 기쁨 또한 한껏 더해진다. 요즈음은 농기계가 좋아 단 며칠 만에 수를 놓듯 모내기를 끝내고 만다.
　모내기철이 되면 맨발로 논둑을 다니시던 아버지 모습이 떠오른다. 어려운 농경시대였다. 논에 물을 잡고 논두렁을 튼튼하게 하려고 밟으며 잘 다듬고 두렁 안쪽에는 흙을 싸발라 붙여 물이 새지 않게 하셨다. 그리고 몸소 암소를 몰고 논과 밭을 갈았다. 모내기하기 위해 애벌로 여러 번 갈고 난 다음 논바닥을 고르기 위해 써레질도 몇 차례 하셨다. 그리고 모내기가 시작된다. 빨간 눈금이 있는 못 줄을 띄우고 못줄잡이가 '자~ 자~' 소리치면 잽싸게 모를 성의껏 꽂았다. 논에 심은 벼들이 흉작이건 풍작이건 아버지의 부지런함은 끝없는 연속이었다.

　벼 타작을 위해 탈곡기를 힘차게 밟으시며 벼 낱알 한 개라도 더 털기 위해 몇 번이고 손놀림 하시던 아버지에 대한 그리움에 목이 메어 온다. 한때는 태산을 짊어지고 올 만큼 장사였던 아버지- 가족들을 위해 험한 일도 마다하지 않았던 아버지가 아니었던가. 보리타작하는 원동기가 얼마나 무거웠는지 다리를 파르르 떨면서 간신히 계단을 올라가던 모습이 떠올라 나를 눈물겹게 한다. 철부지 미숙한 아이처럼 자랐지만, 아버지의 삶의 자취는 내게는 값진 정신적 유산이다.

　아버지께서는 딱 한 번 우리 집에 다녀갔었다.

"여기가 모두 너희들 땅이냐?"

　아버지는 뿌듯한 표정으로 물으셨다. 널찍하고 평평한 땅을 갖는 게 얼마나 큰 숙원이었을까. 그런 땅에 대해 평생 얼마나 집착을 하였을까. 네모난 부침개 같은 땅일망정 사랑하는 딸의 땅이라고 하자 감격에 겨워 난생처음 함박웃음을 보였다. 지금까지 살아 계셨더라면 고생한 동생이 셈평이 피어 잘 사는 것도 보았을 것이다. 아마도 세상 사람들이 놀랄 정도로 큰 웃음보따리를 풀지 않았을까 싶다.

풋풋한 벼이삭 향기가 아버지의 내음인 양 코에 익다. 이 냄새는 예전이나 지금이나 변함이 없다. 아버지는 내 곁을 떠나신 지 오래지만 추억만은 변함없이 곁을 맴돌고 있다. 예전처럼 맨발로 찰방거리고 싶지만 한참 동안 논두렁을 쳐다보고만 있다. 이제는 찾아가도 아무도 반겨줄 사람이 없는 내 유년의 뜨락은 잡초들만 무성하게 자라 방치되어 있겠지. 작은 바람에도 출렁이는 벼들을 보며 고향 집도 다시 한 번 떠올리다 발걸음을 돌린다.

개울물이 도란도란 이야기 주고받듯 흘러가는 소리가 참 정겹게 들린다. 자연과 자연이 저리 조화를 이루며 흘러가는 모습에 부러움이 생기는 이유는 뭘까.

오늘 밤엔 꿈속에서라도 아버지를 만나보고 싶다. 저 푸른 들판처럼 푸짐한 밥상도 차려 드리고 싶다. 특히 좋아하시는 농주 한 잔씩 주고받으며 부녀지간(父女之間) 삶의 이야기를 나누고 싶다.

4.
흔흔낙락

방울새

　봄꽃 가득한 뜨락을 보는 재미가 쏠쏠하다. 특히 노란 민들레를 바라보면 해외에 사는 손녀 모습이 떠오른다. 캐나다 밴쿠버에도 노란 민들레가 많았다. 손녀와 놀이터 가는 길목에 노랗게 피어있던 민들레꽃들. 손녀는 태어나 처음 보는 꽃이라 신기해서 쓰다듬으며 "와~! 예쁘다." 탄성을 질렀다. 그러고는 가던 길을 멈추고 민들레와 놀려고 주저앉아 하얀 솜방망이 꽃씨를 불어 보았다. 하얗게 퍼져 날아가는 모습을 보며 까르르 웃어댔다.

　3년 전. 흰 민들레가 난데없이 날아와 양지바른 앞마당에 피었다. '아니 웬일이냐'라며 너무 반가워 관심을 두고 보살피게 되었다. 토종 민들레라고 하니 각별하게 신경을 쓰게 되었다. 그렇게 3년 내내 민들레 씨를 받아 양지바른 곳에 집중적으로 뿌렸다.

  어느 날 아침, 깜짝 놀랄 일을 보았다. 방울새 수십 마리가 날아들었다. 흰 민들레가 만개하여 처마 밑이 온통 하얗다. 거실 창 너머로 바라보던 나는 숨을 죽이며 바라보았다. 새들은 민들레꽃과 갓 오른 봉오리를 따서 먹는다. 나풀나풀 날며 만찬을 즐기는 모습을 보니 손녀 생각이 더욱 간절했다. 어떤 놈은 20~30센티 자란 꽃줄기를 타고 오르다가 꼬꾸라지기도 한다. 속이 비어 있다는 것을 모르고 팔짝 뛰다가 머리를 처박히기도 하였다.

  아침만 되면 앞마당이 부산하다. 참새, 방울새, 직박구리와 이름을 알지 못하는 새들이 날아든다. 꽃밭에 무슨 먹거리가 많은지 바쁘게 쪼아댄다. 올해는 코로나19로 힘겨운 나날을 보내고 있지만 무슨 복일까 싶다. 매일 날아드는 방울새를 보면 천진스럽게 웃던 두 살배기 손녀가 무척이나 보고 싶다.

  어떻든 한적한 시골 앞마당에 새들이 날아와서 총총거리며 한바탕 먹고 놀다 가니까 즐거운 일이다. 새들의 앙증스러운 모습과 행동을 보니, 마치 방울새는 손녀의 그리움을 달래주려고 온 듯싶다. 말없이 혼자 즐겨 보는 아침이다.

까치와 고양이

 6월 초순. 아침부터 태양은 따갑게 내리쬐고 있다. 어디서 날아 왔는지 까치 두 마리가 사과나무 받침대에 앉아 울어댄다. '까악~까악~' 적막한 마당은 순식간에 까치들의 아지트가 된 것 같다. 우는 소리가 예사롭지 않다. 필연코 그들에게 무슨 일이 일어난 것 같다. 와신상담, 무슨 결전 하듯 귀가 따갑게 울어 댄다. 저렇게 쩌렁쩌렁하게 입을 벌리고 목청 높여 울어 대는 모습은 심상치 않다. 그 소리를 듣고 온 서너 마리가 또 합류한다.

 그중 한 마리가 하늘을 높이 날다가 쏜살같이 땅으로 내리꽂듯 공격한다. 무엇엔가 그들의 분노가 폭발했다는 증좌다. 그들의 까만 눈동자가 매섭게 반짝거린다. 그렇다면 그들의 세계에 침범한 놈은 과연 누구일까? 꽁무니를 들썩대며 힘껏 짖어

대는 몸짓이 어서 나오라 하는 소리 같다.

그렇게 한참을 집중적으로 '까악~까악~' 소리치고 있을 때, 고양이 한 마리가 꽃밭에서 어슬렁거려 나온다. 까치들이 더욱 흥분하기 시작한다. 고양이는 그러건 말건 유유히 산 쪽을 향해 걸어간다. 끝까지 따라붙는 까치 떼들을 바라보자니 대단한 녀석들이다.

가만히 그들의 행동을 가늠해 본다. 새끼를 애지중지 길러서 이소하는 과정에 저 고양이가 잡아먹지 않았나. 그렇지 않고서야 저렇게 필사적인 행동이 나올 리 없다. 아니면 동료가 해코지당한 것인가.

들고양이 중에 유독 저 고양이만 집중적으로 공격하는 데엔 이유가 있을 듯싶다. 이길 수 없는 상대지만 까치들은 저들 나름대로 벌 떼처럼 달려들어 자식 잃은 아픔을 달래는 듯싶다. 그들에게도 모성은 꽤 강한 것이다. 나 역시 사랑하는 자식들의 운명에 큰 영향을 주기 위해 최선을 다해 살았다. 화성에서 수원으로 밤을 낮 삼아 자식들을 위해 온갖 고난과 역경을 이겨낸 세월이 있다. 엄마로서 후회 없는 삶을 다한 지난 세월이 이제는 잊힌 줄 알았는데 까치들을 보는 동안 갑자기 가슴도 먹먹해져 오는 것은 왜일까.

여름 나기

 조용하고 잠잠한 아침을 맞는다. 나뭇잎들은 새벽안개를 덮고 잠을 자듯 까닥하지 않는다. 오늘도 날씨가 만만치 않겠다는 징조이다. 여름 바람은 차와 같다는 말을 떠올리며 자연을 벗 삼는 일상을 맞는다.

 말복만 남겨두고 있다. 올처럼 무더위가 계속되면 대응 방법은 에어컨밖에 없다. 그러다 문득 옛 선조들은 여름 나기를 어떻게 하며 살았을까? 곰곰이 생각하니 철없던 유년 시절 그림까지 그려진다.

 자연을 최대한 활용하여 지은 '배산임수(背山臨水)이다. 마을 뒷산에서 내려오는 바람과 앞 개울가에서 철철 넘쳐흐르는 시냇물은 큰 이로움을 주었다. 또 시원한 한옥이다. 앞뒤가 탁 트인 대청마루와 방 가운데 난 봉창이 그렇다. 그곳에 머리를 두고 누우면 시원한 골바람이 솔솔 들어왔다.

여름이면 삼베나 모시옷을 입었다. 피부에 옷감이 닿지 않아 여름 옷감으로 많이 쓰일 뿐 아니라 바람이 통하도록 풀을 먹여 다듬이질해서 입었다. 할아버지들은 등거리나 등 토시를 활용도 했다.

그리고 여름을 생색내는 부채를 빼놓을 수 없다. 한지에 치자 물을 들인 큼지막한 것이 특징이다. 여름을 이겨내자는 정으로 주고받았던 것이기도 하였다. 시원하게 만든 대나무 평상과 돗자리는 통풍이 잘되었다. 또 동네 앞 정자나무도 있었다. 냇가 옆에 자리 잡고 있었다. 시원한 바람이 부는 정자나무 아래는 동네 사람들 피서지였다. 자자손손 내려오는 큰 동네 숲도 있었다. 그곳에서 더위를 견뎌냈다.

더위를 이기는 비법으로 뜨거운 음식도 있다. 땀을 뻘뻘 흘리며 먹었다. 무더위에 지친 심신의 기력을 회복해 준다는 것으로 이열치열이었다. 백중이 되면 집집이 호박 부침개를 만들어 먹었다. 또 수제비, 칼국수는 빼놓을 수 없는 음식이었다. 특히나 음식은 모두 불을 때서 만들었다. 집안 부엌에서보다 바깥에 간이로 만든 아궁이에서 이루어졌다. 밖에서 아무리 불을 땐들 연기와 열기는 피할 수 없었다. 대가족 챙기느라 고생했을 텐데도 힘든 내색하지 않던 어른들을 떠올리니 세상사 참 덧없다.

어찌하면 좋을까?

    스모그 현상 속에 정신조차 몽롱한 날. 느닷없이 덩치가 망아지만큼 한 흰 개 한 마리가 들어온다. 정신이 번쩍 들었다. 주인을 대하듯 꼬리를 살랑살랑 흔들며 살갑게 다가왔다. 무섭기도 하고 위압감을 느끼게 했다. 엉겁결에 '앉아' 하니까 곧바로 앉았다. 큰 귀를 뒤로 눕히고 선한 눈빛으로 다정다감하게 다가온다. 훈련이 잘된 개였다.
    폭신한 하얀 털을 가지고 있다. TV에 등장하던 동물 같다. 심산궁곡을 얼마나 헐떡거리며 돌아다니다가 왔는지 진드기가 붙어 있다. 털 관리도 잘 받으며 지냈던 것 같다. 근데 군데군데 더러운 곳이 눈에 띈다.
    아무리 너희 집을 찾아가라고 해도 말을 듣지 않고 찰싹 달라붙는다. 목 성대 수술까지 했는지 쉰 소리를 내며, '내 주인을 찾아 주세요.' 애원하는 눈빛 같아 마음이 혼란스러웠다. 다른 사람으로 인해 사랑받으며 성장한 동물을 기른다는 것은 쉬운 일이 아니다. 특히 개를 좋아하지 않는다면 더더욱 난처하다. 시골에 오면 꼭 묶어 놓고 길러야 한다. 밭으로 들어가면 농작물 피해를 주기 때문이다. 멀칭비닐을 뚫어 놓기도 하며 농작물도 마구 밟아 버린다. 또 다른 사람에게 정신적 억눌림을 주기 때문에 주인의 관리가 절실히 필요한 동물이다. 시골이라고 마냥 키울 수 있을 것이라는 생각은 일방적이다. 그렇게 동물들이 오면 무척 속이 상한다.

15년을 살다 간 진돌이, 진순이 생각이 났다. 노환으로 세상을 등질 때 눈물을 아니 흘릴 수 없었다.
"잘 가거라. 그동안 고마웠다. 다음 생이 있다면 좋은 몸으로 태어나 거라."
인사를 할 때 나도 모르게 눈물이 주르르 흘러내렸다. 마지막 인사를 할 때, 한 번 쳐다보고는 고개를 돌려 버렸다. 마지막 날이 오면 목줄을 풀어 달라고 했다. 구석구석을 돌아보고는 한쪽 모퉁이에서 눈을 감았다. 정이란 사람의 마음을 방망이로 치듯 아프게 했다.
농장에서 개를 키우는 것은 외부인이 불쑥 찾아올 때이다.

출입문 경계와 감시를 잘한다. 누가 왔으니 빨리 내다보라며 목청 높여 짖어댄다. 가족, 손님 방문은 소리부터 다르다. 특히 외출했다 돌아오면 어찌나 반갑게 맞이하는지 모른다. 어느 자식이 이렇게 할까, 싶어질 정도다.

느닷없이 덩치가 크고 도시에서 곱게 자란 녀석이 들어와 돌봐달라고 하면 난감하기 그지없다. 어찌해야 할지 큰 고민이다.

야생 고양이

 살갗을 시리게 하는 겨울바람이 부는 날. 낯익은 살색 고양이가 나를 보고 걸어오고 있다. 정말 용하게도 죽지 않고 살아 있었구나. 약 8~9년쯤 된 것 같다. 농장을 둘러보고 집으로 걸어오는데 뒤에서 남편이 소리쳤다.
 "고양이가 당신을 따라가고 있어."
 뒤를 돌아다보니 짧은 거리를 두고 고양이 한 마리가 졸래졸래 따라오고 있었다. 배가 고파 따라오느냐? 그러면 따라오라고 손짓했다. 그 후 배만 고프면 찾아왔다. 매일매일 찾아오는 것도 아니었다. 일주일에 두세 번 정도다. 먹을 것을 달라는 듯 실눈을 뜨고 바라본다. 샛문에 바짝 붙어 웅크리고 앉아서 기다린다. 울지도 않는다. 소리 없이 왔다가 소리 없이 가는 것이 특징이다.

한동안 나타나지 않으면 이젠 죽었다고 생각하면 나타났다. 도저히 먹이를 못 구하거나, 아플 때면 자주 찾아왔다. 긴 세월을 살아가기 위해서는 영역 싸움과 어디를 가나 푸대접을 받으며 살아가지 않을까 싶다. 그래서 그런지 나와 만남도 가까이 오지 않고 어느 정도 거리를 둔다. 밥을 먹을 때도 주위를 살피며 경계가 무척이나 심했다. 주위에서 무슨 소리만 들려도 용수철 튀듯 반사적인 행동을 했다. 지켜줄 테니 안심하고 먹으라 해도 소용이 없었다.

두 달 넘게 나타나지 않아 이젠 진짜 죽었나보다 생각했는데 오늘 나타났다. 병치레를 얼마나 했는지 몰골이 말이 아니었다. 기름이 자르르하고 윤기 넘치던 털은 부스스하고 바짝 말라 있다. 목에는 작은 달걀만 한 혹이 생겨 있고 눈은 퉁퉁 부어 있다. 간신히 찾아온 듯했다. 미물인 생명체가 너무나 연측하였다. 달걀 반숙과 전어를 구워주니 잘 먹었다.

이제는 만날 때마다 이 세상을 떠날 날이 얼마 남지 않았다는 모습으로 바뀌고 있다. 살아있을 때 잘 보살펴 주자는 마음이 든다. 죽음이라는 것은 사람이나 동물이나 영원한 이별이 아니겠는가. 울음소리를 한 번도 들어 보지 못한 야생 고양이는 오전에만 꼭 다녀간다. 차들이 다니는 길도 알아서 잘 다니고 있다. 건너가는 방법도 터득한 듯싶다. 아마도 우리 집뿐만 아니라 여러 집을 다니는가 보다. 내 마음마저 달고 걸어가는 뒷모습을 한참 동안 바라보았다.

유년 시절 삽화

 천 리도 지척인 친구가 카카오톡을 보내온다. 친구와 나는 연둣빛 새순 같은 깊은 우정이 있다. 마치 마음속에 간직하고 있는 진주와 같기도 하다. 마음속 이야기를 던지면 서로 받아주면서 허물없이 살아가고 있다. 유년 시절 사계절 추억을 가지고 있는 탓에 나는 겨울에 걸맞은 유머 감각을 살려 답장을 보낸다. '겨울방학 시즌이 왔다. 산에 나무하러 가자'라고.
 친구와 나는 우리나라에서 4번째 큰 섬이 고향이었다. 민족의 영산이라 알려진 녹두산 자락 큰 마을에서 태어났다.
 불교 유적지, 문화재, 유학자, 서당이 있었던 역사와 유교 사상이 뿌리 깊은 동네였다. 북풍을 막아주는 병풍 같은 산과 서풍을 막아주는 동네 숲은 명소였다. 마을 앞에는 오곡백과가 풍성하게 펼쳐지는 들판과 바로 옆 동네 골에서 내려오는 큰 개천도 있다. 마을 입구에는 돌탑과 함께 커다란 느티나무가 서 있었다.

초·중고등학교가 10분 거리에 있어서 교육열도 대단히 높았다. 두 집 건너에 살면서 유난히 자별하게 지냈던 친구이다. 겨울방학만 되면 산에 나무하러도 함께 다녔다. 6·25전쟁 참전용사 맏딸들이기도 하다. 전쟁의 끝자락에 태어난 탓에 너무나 가난한 환경 속에서 자랐다. 그 시대에는 열심히 사는 부모님을 도와드리며 생활했다.

여름방학이면 이웃 언니들 따라 바다에 바래 하러 다녔다. 특히 겨울방학이면 큰 행사처럼 동네 아이들이 모여 산에 나무하러 갔다. 어린 동생들까지 대동하고 가서 동생들은 솔방울을 줍게 했다. 모두가 둥우리를 배낭처럼 짊어지고 갔다. 친구는 깔꾸리(갈고랑이)에 힘을 주고 비탈진 언덕배기에도 아랑곳하지 않고 야무지게 나무를 잘했다. 추위에 콧물이 흐르면 앞자락으로 휙 닦으며 열심히 하던 모습은 거기까지가 전부이다. 친구는 부모님 계신 서울로 전학을 가고 말았다.

그 후 수년이 흐르는 동안 소식이 없이 살았다. 서울에 신혼살림을 차리자, 수소문하여 맨 먼저 달려와 반겨 주었다. 그렇게 오늘에까지 연락을 주고받으며 살아가고 있다. 가끔 대나무 깔꾸리가 닳도록 나무하러 다니던 시절 이야기를 나눈다. 반

백년이 훨씬 넘었는데도 둥근 보름달 같은 밝은 이야기를 쏟아낸다. 그러다가 모처럼 큰 웃음 밧줄을 당기며 이야기꽃을 피운다.

치과 간호사

풍열 치통이 쉽게 가라앉지 않았다. 수소문한 끝에 읍내에 추천받은 곳을 찾았다. 들어서자마자 "안녕하세요?" 상냥하게 인사를 한다. 아무리 강심장이라도 병원에만 가면 마음 옴칫옴칫하게 된다. 부드럽고, 사근사근하게 맞이하는 간호사는 나의 외사촌 동생을 닮아 마음이 편안하였다.

따뜻하게 맞아주는 간호사의 보살핌을 받으며 진찰대에 눕게 되었다. 외계인(이티) 같은 기계가 불을 켜고 내 얼굴을 향해 오면, 왜 그렇게 중추 신경이 오그라드는지 모른다.

긴장 탓에 땀이 흘러내렸다. 간호사는 '선풍기를 갖다주면 되겠냐?'고 묻는다. 덕분에 시원한 바람과 함께 마음을 다스릴 수 있었다. TV까지 켜 주자 시간을 잠깐 잡을 수 있었다. 내 정신은 깊고 깊은 골짜기를 들어가는 듯하여 긴 호흡을 하며 기다렸다.

밤이면 잇몸이 욱신거리는 시간이 잦아졌다. 팬데믹으로 마음대로 갈 수 없어서 예방 접종을 마치고 가려고 시일을 끌게 되었다. 약국의 진통제 복용을 하면 나아지는 듯싶다가 또다시 재발을 거듭하였다. 그러다 밤잠을 들 수 없는 통증이 계속되었다. 마음이 은사시나무잎처럼 떨리더니 겁이 덜컥 났다. 치과 선택만은 정말 잘해야 한다는 뭇 이야기들이 머릿속에서 뱅뱅 돌기 시작했다. 치과 치료가 시작되면 제대로 먹지 못하는 고통이 따른다. 고통을 덜하게 해주며 내 가족처럼 보살펴 주는 주치의를 만난다면 큰 행운이리라, 생각했는데 천만다행으로 따뜻한 미소, 친절함을 갖추고 믿음까지 주는 분을 만났다.

고통에서 벗어나는 선택을 하여 이렇게 몇 개월째 치료를 다니고 있다. 병원에 갈 때마다 느끼는 간호사들의 인사성과 친절함에 작은 감동을 받는다.

어느 날이었다. 예약도 없이 찾아온 어르신께 두 번 세 번 정성스러운 마음으로 대하는 것을 보았다.

"에고 어머니 예약하고 오시지, 그랬어요, 예약 환자가 밀려서 많이 기다려야 하는데 괜찮으시겠어요?" 하는 말을 거듭하며 안부도 묻는다. 시간 나는 대로 진료를 해드리겠노라고 했다. 또 진료를 마치고 나가는 환자를 향해 간호사 모두 합창하듯 "안녕히 가세요."라는 인사를 한다.
 이곳은 연세가 있는 어르신들이 혼자 살고 계신 경우가 많다. 그런데 친절과 미소로 반기는 간호사들의 모습에 내가 더 뿌듯하고 기분이 좋았다.

양보의 에너지

인생 백 년에 고락이 상반이라….

아등바등 살아온 몸은 지는 백합 꽃잎처럼 골 중 해져만 간다. 몸에 좋다는 약을 구하기 위해 집을 나섰다.

처음 가는 곳이라 내비게이션만 믿고 길을 떠났다. 자주 이용하지 않는 39번 도로를 주행하자니 긴장감이 돌았다. 기본 속도로 달려가던 중에 멀리서 세월이 많이 묻은 화물차 한 대가 차선 변경을 하고자 좌회전 신호를 깜박깜박하고 서 있었다. '좀 껴 드리지' 양보도 없고 인정까지 없을까 하는 생각이 들었다. 어느 도로건, 나 혼자만의 도로가 아닌데 양보를 저렇게 안 할까 싶었다.

그리고 공공 도로에서는 개인의 양보와 협조가 필요한 곳이 아닌가. 한국에 와서 출가한 영국 스님 말씀이 떠올랐다.

"한국 사람들은 개인적으로 앞서려고만 하지 양보와 겸양,

이런 자비심이 부족해요."

　내가 속도를 낮추며 들어오라는 신호를 보내주었다. 감사하다는 신호와 더불어 차 문까지 내리고 한쪽 손을 한참을 흔들며 달려갔다. 도로를 다녀보면 수많은 차와 인간사를 겪는 경우가 생긴다. 앞차가 잠깐 신호가 바뀐 것에 동작이 늦어지면 뒤차는 경적을 울려대는 통에 깜짝 놀라기도 한다.

　양보에 감사함을 진실하게 표현하는 모습은 요즈음 보기 드문 모습이었다. 보통 비상등만 잠깐 켜고 가거나 아니면 감사하다는 신호조차 하질 않고 가는 차들이 대부분이다. 그런데 이분은 내게 플러스알파를 보내주며 달려간다. 종종 깜빡이도 안 켜고 불쑥 들어왔다 나가는 통에 '어' 하며 놀라기도 하던 경우와 비교하면 기분 좋은 표현이다.

　기본적인 예를 지키며 유쾌하게 해주는 기사님에게 오히려 반대로 초강경의 힘을 받은 기분이 들었다. 기분이 좋다 보니 모르는 길을 찾아가는 동안 내내 즐거웠다.

　우리가 우리 모두의 생명을 소중히 여기고 달려야 한다. 그 기사님께서 마냥 기다리는 여유와 청고하기까지 한 인격과 아름다운 마음을 보는 듯했다. 자기 본마음을 아낌없이 발휘하며 살아가는 기사님 덕분에 큰 에너지를 얻었다. 나도 그분처럼 여유를 가지고 평온한 마음으로 운전해야겠다고 다짐을 한다.

흔흔낙락(欣欣樂樂)

　오월 초록은 출렁이는 파도와 같다. 피천득 선생님의 "오월은 금방 찬물로 세수를 한 스물한 살 청신한 얼굴이다."처럼 정말 오월은 청신하며 모든 나뭇잎은 고운 살결 같다. 앞마당에 만발했다 지는 작약꽃은 어느새 내 나이를 닮아가고 있는데 말이다. 아무리 바쁘게 사는 세상이라지만 내 삶을 무의미하게 살지는 말자며 가까운 공원에 자주 나가 새소리를 들으면서 조촐한 계절의 기쁨을 누리고 있다.

　때마침 매주 화요일 이덕완(전 중앙대 문예창작) 교수님의 인문학 강의를 듣고 있는 문우들과 야외 수업을 하기로 했다. 갑작스럽게 이루어졌지만, 사람은 자기가 좋아하는 것을 닮는다는 것처럼 모두 기뻐하고 즐거워했다.

2022년 5월 24일 2명 빠지고 신록의 풍요로 들어가게 되었다. 당일 아침에 만나자마자 시골 장터를 방불케 했다. 이 가뭄에 싱싱한 열무와 마늘종, 가지 모종 등을 가지고 나와 참석자 모두에게 나누어 주었다. 마음속에서 우러나오는 친절한 인심과 사랑이었다. 우리 삶의 일상을 일깨워 주는 듯하며 그 삶이 예술이 되어 기쁜 향연 자리 같았다. 일찌감치 점심을 능이 닭백숙으로 배를 채우고 화성꽃식물원으로 이동하였다.
　오월은 아무리 둘러봐도 자연의 질서에 감탄하지 않을 수 없었다. 미리 핀 꽃은 안녕을 고하는 대로 좋다. 이제 막 핀 꽃들은 몸과 마음조차 경쾌하게 한다. 모두 너무 예쁘다며 즐거워했다. 감수성을 일깨우면서 모두 모처럼 흔흔낙락 하며 환호하였다. '우리가 꽃들 옆에 있어서 꽃이 늙어 보인다. 젊어 보인다.'라는 등 자연에 감동하며 웃음을 자아내자 불어오는 바람도 좋고 꽃도 좋고 사람도 좋고 기분 좋은 하루였다.

　헤어지기 아쉬워 찻집으로 향했다. 취향에 맞는 차와 무지개 케이크와 더 놀라운 것은 큰 놋그릇에 고봉으로 담긴 팥빙수였다. 맛있게 먹고 헤어졌다. 어느새 집에 도착했는지 큰형님부터 맛깔나게 담근 열무김치가 카톡으로 올라왔다. 덩달아 올라오는 마늘종 새우볶음들이 군침을 돌게 했다. 또 인공으로 만든 작약 꽃밭에서 찍은 사진도 올라왔다. 환하게 웃는 얼굴들이다. 한세상 이렇게 보내며 살 수 있다면 더 이상 바랄 것이 없지 않을까.

모기

'더위 먹은 소가 달만 보아도 헐떡인다'는 속담이 생각난다.

8월이 되자 한낮에는 볶아대듯 한 폭염과 모기 때문에 텃밭에 나가는 것이 엄두가 나지 않는다. 아침 일찍 나갈 수밖에 없다. 혹시나 하고 간단하게 긴 옷만 입고 나갔다.

텃밭에는 토마토, 오이, 가지, 상추 등이 주인을 기다린 듯 하였다. 오랜만에 나와서 그런지 따야 할 것이 너무 많았다. 텃밭이 주는 쏠쏠한 재미에 정신을 빼앗기고 있었다. 그런데 팔부터 시작하여 목, 볼때기, 엉덩이까지 따갑고 가렵기 시작했다. 모기는 피 맛을 즐긴다. 어쩌면 이렇게 지독할 수가 있을까. 참을 수 없어 대충 챙겨서 집안으로 뛰어 들어왔다.

양팔과 엉덩이는 공격당한 흔적들이 울퉁불퉁 부어오르기 시작했다. 가려운 것인지 따가운 것인지 정신이 없었다. 그동안에는 모기퇴치제 없이 에프킬라만 뿌려도 괜찮았다.

올 중반기 접어들어 비가 자주 내렸다. 온도와 습도가 모기 서식에 좋았는지 모기 극성이 대단하다. 어떤 모기들이 지독한가 싶어 검색해 보았다. 숲모기, 집모기, 얼룩날개모기 등이 있는데 특히 아디다스 모기를 조심하라고 한다. 아디다스 모기는 전투화도 뚫는다고 할 만큼 지독하다고 한다. 말라리아모기, 일본뇌염모기, 학질모기 등 종류도 많다.

이곳에서 수십 년을 살아오고 있지만 올 모기는 대단하다. 아니면 나이가 들다 보니 피부가 약해진 탓인가. 보통 때는 웬만하면 참고 텃밭 일을 잘하곤 했다. 올해는 모기들 의기에 꺾이고 말았다. 이른 아침부터 떼거리로 나타나 집중적으로 공격을 하니 말이다.

그들에게 물리고 와서 약을 바르고 있었다. 고통스러워하는 나를 보고 위로하기는커녕 남편은 한마디 한다. 최전방 모기는 더 지독하다며 군대 이야기를 꺼낸다. 최전방 남쪽, 북쪽 모기 이야기를 하며 그 시대에 사용한 언어를 내뱉으며 지독한 모기였다고 역설한다.

74년도 군대 생활할 때는 여름에 팬티 바람으로 모기 회식도 시켰다고 한다. 그 시대에는 여름이면 비일비재했단다. 격랑의 시기를 겪었던 군대 이야기다. 남자들은 군대 갔다 온 이야기에는 이구동성으로 외친다. 모기가 국방 의무를 힘들게 했다는 것에 큰 놀라움을 불러일으켰다.

샤인머스켓

 이웃사촌이 처음 수확한 샤인머스켓을 맛보라며 많이도 가져왔다. 과일 중에 비싼 과일이며 몸속에 쌓여있는 지방을 제거하는 데 도움이 된다고 한다. 그리고 폴리페놀(몸에 있는 활성산소를 해가 없는 물질로 바꿔 주는 항산화 물질) 성분이 굉장히 풍부하게 들어 있을 뿐 아니라 안토시아닌 성분도 많이 들어 있단다. 그렇게 좋은 과일을 보고 마음이 짠하여 온다. 임을 떠나보내고 처음 수확한 것을 이웃에게 돌리는 그녀의 마음을 헤아리자니 내 눈에 눈물이 괸다.
 평생 농사를 지으며 이웃을 내 가족처럼 챙기던 사람이 심은 과일이다. 아직은 안가낙엽 하며 살 나이인데 너무 일찍 떠났다. 나이도 젊었다. 현대 의술이 발달하여 수술 받으면 괜찮아질 줄 알았다. 수술 후에도 우리 밭을 갈아 주었다.

병원에서 안 된다는 소식을 안고 집으로 돌아오자, 이웃 모두가 내 일처럼 안타까워했다. 제일 좋은 영양제라도 맞고 힘을 내라고 아니 꼭 살아날 것이라는 믿음을 주며 손에 몇 푼 쥐어 주고 왔다. 아무리 힘을 내라고 위로한들 본인의 마음은 오죽이나 했을까. 이웃사촌 모두가 한마음이 되어 기적이 일어나기만을 간절히 바랐다.

어느 날 밤, 꿈속에 윗집 언니가 큰일 났다며 팔딱팔딱 뛰며 위급하다고 소리쳐서 잠을 깨고 말았다. 그런데 그날 오후 늦게 휴대전화기에 문자가 날아들었다. 운명하였다는 비보였다. 이웃사촌을 떠나보내는 것은 참을 수 없을 만큼 고통스러운 일이다.

그는 떠나갔지만 애써 심어놓은 샤인머스켓은 달렸다. 그것을 수확하여 이웃들에게 돌리는 그의 아내 심정은 오죽할까. 그래서 포도를 쉽게 먹을 수가 없었다. 아내가 먹고 살 것을 만들어 놓고 가시느라 그토록 부지런을 떨었던 것일까. 이 세상에 오래 머물지 못함을 짐작했던 것일까. 참으로 부지런하게도 산 그분이 남긴 포도송이 봉지를 드는 내 손이 무겁다. 머릿속에 인물과 윤곽은 뚜렷하게 떠오르는데 그림자도 찾을 수 없는 게 인생인가 보다. 그가 살면서 뿌린 이웃 사랑과 따뜻한 정이 샤인머스켓 속에서 펴진다. 아삭아삭하고 단맛과 식감이 좋은 큼직한 열매를 한 알 따서 껍질째 입에 넣는다. 푸른 껍질은 그가 뿌린 정처럼 입안에서 돌고 돌아 오래 머물렀다.

축 구

 2022년 카타르 월드컵 축구 포르투갈 경기를 보았다. 손흥민 선수의 기가 막힌 역습 기회에 속이 다 시원하였다. 그리고 놓치지 않는 드리블 패스, 빠른 동작을 받아 황희찬 선수의 골인에 탄성과 박수가 절로 나오며 감탄을 거듭하였다.
 축구를 보다가 50년 전의 추억이 떠올랐다. 너무나 긴 세월인데도 이 나이에 그윽한 깊이가 담겨 있는 추억의 단상이 생각났다. 지나고 나면 아무것도 아닐 줄 알았는데 그 단서들이 떠오르며 추억 묻은 친구들 모습이 눈앞에 선하다.
 전쟁을 치르고 보릿고개에 태어난 우리는 고교 입시도 치열하던 때였다. 60명만 모집하는 남녀공학에 입학하게 되었다. 처음에는 한 반에서 함께 공부한다는 게 서먹서먹하였다. 시간이 지날수록 오히려 여학생들이 최선을 다해 울던 말매미처럼 모든 게 다 열심이었다. 교련 교육을 쉴 새 없이 받았던 학창 시절이었기에 정신적으로 더욱 강해질 수밖에 없었다. 밝은 달이 반천에 떠서 밝게 비추듯 그리운 시절이 은은하게 떠오른다.

고3 초여름이었다. 누가 안건을 내었는지 가물거린다. 그 누군가 남녀 반반씩 축구 시합하자고 했던 것 같다. 회의도 즉석에서 일사천리로 통과되었다. 여학생들은 체육복을 갈아입을 탈의실도 없었다. 체육복 갈아입을 때는 남학생들을 한 명도 빠짐없이 쫓아내었다. 동작이 느린 남학생들은 여학생들 함성에 후다닥 뛰어나갔다. 참! 막역지우(莫逆之友)처럼 3년을 함께한 친구들이다. 아름답던 고교 시절은 5촉 전구처럼 내 머릿속에서 불이 켜진다.

여름은 젊은이들의 계절이었다. 운동장에서 11명씩 양 골대를 두고 뛰었다. 그땐 여학생들이 남학생보다 키가 큰 친구들이 많았다. 동급 남학생 정도는 식은 죽 먹기쯤 생각했던 것 같다. 그런데 막상 운동장에서 뛰기 시작해보니 남학생들을 따라잡기는 역부족이었다. 특히 축구의 왕처럼 군림하던 남학생이 있었다. 그래도 남학생을 이겨 보겠다는 승리욕은 대단했다. 숨은 턱까지 차올라 헐떡거리고 다리는 후들거렸다. 아마도 남학생들이 우리를 많이 봐주면서 뛰지 않았을까 싶다. 동창회장도 사업을 하는 커리어 우먼이 맡아 많은 본보기가 되어 주었다. 50년 전 해프닝 축구 시합은 아직도 여름 속에 추억거리로 남아 있다.

일일초(日日草)

　엄동설한을 견디며 꽃은 애잔하게도 핀다. 작년에 윗집 언니가 가느다란 꽃모종을 심은 화분을 내게 주었다. 꽃이 피면 예쁘다고만 했다. 풀 같은 나무가 꽃이 피면 얼마나 예쁠까? 싶어 크게 고마움을 느끼지 못했다. 허접한 마음으로 집 앞에 갖다 놓고 별 관심조차 없었다. 여름이 되자 화분이 비좁을 만큼 군락을 이루었다. 분꽃 크기에 가운데 보랏빛을 띤 분홍색으로 앙증스레 피었다. 그들은 마치 육상 선수들이 서로 교대로 이어달리기하듯 하였다. 늦가을이 되어도 계속 꽃을 피우고 있어 집안에 들여놓았다. 창가에 두면 겨울에도 꽃이 필까? 의구심이 들었다.

　수분과 영양공급에 소홀하지 않았다. 어떤 역경에도 굴하지 않고 피는 꽃이 기특하다. 더구나 연약한 나무에서 꽃을 피우고 있다. 나는 추위에 나약하여 어디를 가도 즐겁지 않다. 겨울은 정신없이 살아온 인생을 돌아보게도 하며 잘 넘겨야 하는 강박관념에 사로잡힌다. 하루가 한가한 것도 아닌데 괜히 할 일 없듯 무위도식을 일삼는다. 또 눈이 쉬 피로해져 책을 오랫동안 읽지 못하는 햇수에 접어들어 심란할 뿐이다.

하루에도 시간만 나면 꽃과 마주 앉아 무료하지 않은 일상을 즐기고 있다. 매 끼니 밥 챙겨 먹듯이 피고 지는 꽃 이름이 궁금해졌다. 이름이나 알고 상면하자고 하고 싶어 사진을 찍어 단골 플라워에 보냈다. 본인도 잘 모르니 알아봐 주겠다고 하더니 금방 문자가 왔다. "꽃이 매일 핀다고 하여 일일초예요"라고 한다.

기억하기 좋은 이름 속에 노고가 깊은 꽃이다. '원산지가 아프리카 마다가스카르섬이며 여러해살이며 30~60센티 자라는 다년초란다. 여름과 가을에 걸쳐 다양한 색깔의 꽃을 피운다고 한다. 고온성 식물로 추운 곳에서는 잘 자라지 못하고 따뜻하고 건조한 곳에서는 재배가 용이하다'고 나와 있다. 개성도 없이 단조로우며 잊으려야 잊을 수 없는 꽃 이름이다. 개성이 강하며 고결한 매화도 아니고, 애틋한 사랑을 지닌 진달래도 아니며 풍만한 작약이나 수국, 목련도 아니다. 꽃말 또한 이름에 걸맞게 따뜻한 친구처럼 우정이란다. 마뜩찮게 생각했던 일일초는 긴 겨울 동안 나의 기억과 손상되어 가는 나의 세포를 새롭게 생성해 주고 있었다.

백합 향기

　세찬 비가 밤에만 내린다. 낙수받이로 떨어지는 소리는 마치 여름밤의 음률 놀이하듯 강약이 융합되어서 들린다. 새벽 두세 시에 억수로 퍼붓는 소리에 잠이 깨어 공상에 잠기게 되었다. 앞마당에 수십 년 가꾸어 오고 있는 백합밭이 한 평 남짓 있다. 모두 꽃봉오리가 터질 듯 부풀어 있는 모습은 마치 초등학교 입학을 기다리는 아이들 같다. 백합이 피면 장마가 시작된다고 했는데 올 장마는 꽃이 만개하기도 전에 시작되었다.
　6월 초순에는 뙤약볕이 대단했다. 한낮에 밭에 나갈 땐 팔뚝에 토시를 끼고 벙거지를 꼭 쓰고 나가야 했다. 그렇게 무장을 해도 강렬한 열기에 얼굴이 뻘겋게 달아오르며 숨까지 막혔다. 그런데도 백합은 강한 자외선을 막아주는 보호막도 없이 잘 자랐다. 거기에다 메마른 날씨와 습기조차 없을 뿐만 아니라 흙

냄새까지 폴폴 나서 코가 막힐 지경인데도 쑥쑥 자라 내 키와 맞먹는다. 날씨에 연연하지 않고 최선을 다해 자라는 모습이 야무졌다. 매년 겨울만 되면 잘 숙성된 거름을 듬뿍 덮어 주었더니, 봄이면 그 정성을 보답하듯 오동통한 새싹이 올라와 반가웠다.

그러다 보니 매일 오고 가는 정을 나누듯 관찰하며 돌봤다. 또 장맛비에 넘어질세라 지주대를 세워 묶어 주었다. 일 년에 한 번 피는 그들의 얼굴에 코를 대고 향기를 마음껏 들이마시면 기분이 상쾌해진다. 변하지 않는 은은한 향기에 경배하지 않을 수 없다. 튼실한 꽃대에서 뽑아내는 향기에 후각적인 자극을 받으면 행복지수는 한층 더 높아진다.

비를 그렇게 맞고도 초심을 잃지 않고 일제히 팡파르를 분다. 마치 우로 봐, 자로 봐, 하듯 피었다. 똑같은 방향은 하나도 없이 엇비슷하게 조화를 이룬 모습이 신비롭다. 서로에게 부딪치지 않으며 하나같이 존중하고 배려하며 핀 모습은 청초하며 경이롭다. 특히 맨 꼭대기에 홀로 우뚝 솟아 핀 꽃은 위엄있고 씩씩한 오케스트라 지휘자 같다. 소리 없이 방긋방긋 웃으며 서로서로 옆 눈치를 보는 것 같아 보는 내가 웃음이 나온다.

해거름 때만 되면 백합의 긴 사랑이 물밀듯 밀려온다. 사물을 관찰하는 눈은 살아온 깊이와 너비에 따라 달라진다고 하지만, 백합 향기만은 그 무엇으로도 잴 수도 없다. 집안으로 파고드는 향기는 심신까지 안정시켜주고 있다. 마치 내 인생이 향기에 취해 둥둥 떠가는 느낌이다. 백합 향기는 향수의 근원인가 보다.